MERVEILLES
DE
L'ART FLAMAND

PAR

ARSÈNE HOUSSAYE
Inspecteur général des Beaux-Arts

RENFERMANT DIX GRAVURES

D'APRÈS

TENIERS, RUYSDAEL, BERGHEM, WOUWERMANS, HOBBEMA,
BRAUWER, OSTADE, ETC.

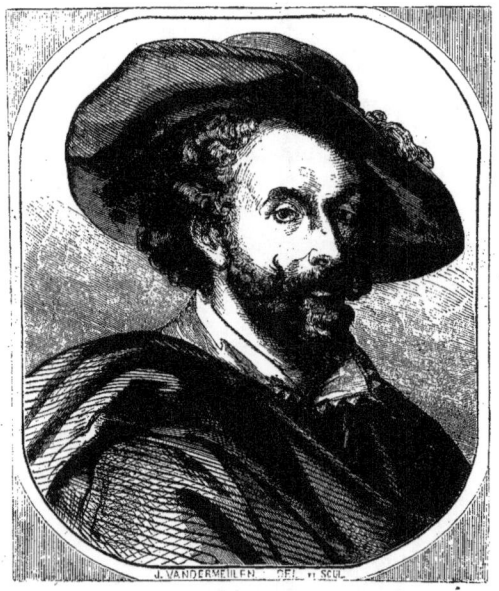

J. VANDERMEULEN, DEL. ET SCUL.

PARIS
LIBRAIRIE DU PETIT JOURNAL
21, Boulevard Montmartre, & Rue Richelieu, 112

MERVEILLES
DE
L'ART FLAMAND

PAR

ARSÈNE HOUSSAYE

Inspecteur général des Beaux-Arts

RENFERMANT DIX GRAVURES

D'APRÈS

TENIERS, RUYSDAEL, BERGHEM, WOUWERMANS, HOBBEMA
BRAUWER, OSTADE, ETC.

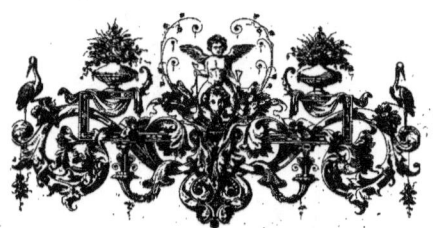

PARIS
LIBRAIRIE DU PETIT JOURNAL
21, Boulevard Montmartre, & Rue Richelieu, 112.

PARIS. TYPOGRAPHIE DE HENRI PLON, IMPRIMEUR DE L'EMPEREUR, RUE GARANCIÈRE, 8.

1867

I

J'ai traversé deux fois le pays de Rembrandt,
Pays de matelots — qui flotte et qui navigue, —
Où le fier Océan gémit contre la digue,
Où le Rhin dispersé n'est plus même un torrent.

La prairie est touffue et l'horizon est grand;
Le Créateur ici fut comme ailleurs prodigue...
— Le lointain uniforme à la fin nous fatigue,
Mais toujours ce pays m'attire et me surprend.

Est-ce l'œuvre de Dieu que j'admire au passage?
Pourquoi me charme-t-il, ce morne paysage
Où mugissent des bœufs agenouillés dans l'eau?

Oh! c'est que je revois la nature féconde
Où Rembrandt et Ruysdael ont créé tout un monde :
A chaque pas ici je rencontre un tableau.

II

Je retrouve là-bas le taureau qui rumine
Dans le pré de Paul Potter, à l'ombre du moulin;
— La blonde paysanne allant cueillir le lin,
Vers le gué de Berghem, les pieds nus, s'achemine.

Dans le bois de Ruysdael qu'un rayon illumine
La belle chute d'eau! Le soleil au déclin
Sourit à la taverne où chaque verre est plein,
— Taverne de Brauwer que l'ivresse enlumine.

Je vois à la fenêtre un Gérard Dow nageant
Dans l'air; — plus loin Jordaens : — les florissantes filles!
Saluons ce Rembrandt si beau dans ses guenilles!

Oui, je te connaissais, Hollande au front d'argent;
Au Louvre est ta prairie avec ta créature;
Mais dans ces deux aspects où donc est la nature?

III

Le grand peintre est un dieu qui tient le feu sacré;
Sous sa puissante main la nature respire;
— Ne l'entendez-vous pas, sa forêt qui soupire?
Ne la sentez-vous pas, la fraîcheur de son pré?

Comme aux bords du canal, sous ce ciel empourpré,
La vache aux larges flancs parcourt bien son empire!
Dans cet intérieur comme Ostade s'inspire!
Gai tableau qui s'anime et qui parle à son gré.

Pays doux et naïf dont mon âme est ravie,
Oui, tes enfants t'ont fait une seconde vie,
Leur souvenir fleurit la route où nous passons.

Oui, grâce à leurs chefs-d'œuvre, orgueil des galeries,
La poésie est là qui chante en tes prairies,
Comme un soleil d'été sourit à nos moissons.

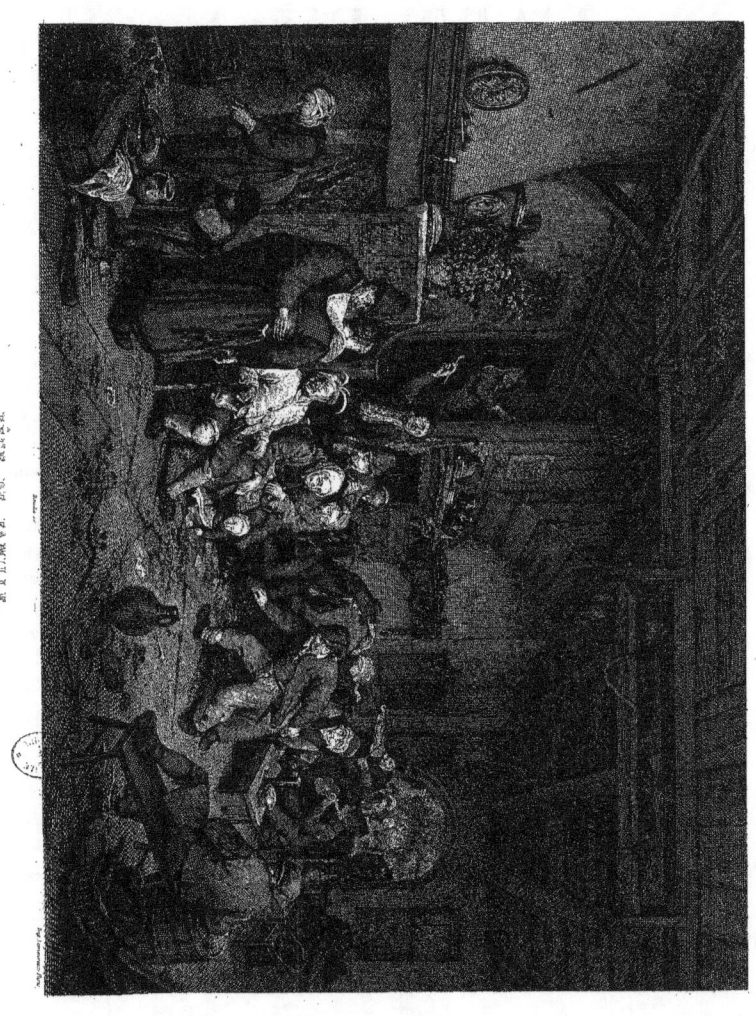

FÊTE DE FAMILLE.

A. VAN OSTADE.

MERVEILLES
DE
L'ART FLAMAND.

I
CARACTÈRES DE L'ART FLAMAND.

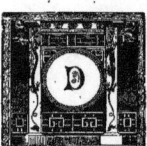
evant les buveurs de Teniers, Louis XIV disait : « Otez-moi ces magots! » Le peintre aurait pu dire au Roi-Soleil : « Otez-moi cette perruque. »

Le mot de Louis XIV ne prouve rien contre Louis XIV ni contre Teniers. Le roi solennel, qui n'avait jamais vu que ses courtisans, longue perruque, habits brodés, fines dentelles, ne pouvait croire qu'il y eût quelque part, en Flandre ou ailleurs, des figures humaines pareilles à celles que peignait Teniers. Il avait fait la conquête de la Flandre, mais comme un olympien qui ne descend pas des nues : *sa grandeur l'attachait au rivage*. D'ailleurs Louis XIV, roi théâtral s'il en fut, n'aimait que l'art d'apparat ; Lebrun était son peintre, le cavalier Bernin son sculpteur.

Il n'y a pas de « magots » dans l'Art : Teniers a raison dans son cabaret d'Anvers comme Raphaël dans son Vatican. C'est la force de l'Art de descendre des plus hauts sommets sans jamais s'encanailler, parce que l'Art, qui est l'interprétation de la Nature, représente la vie et la pensée sous toutes leurs faces. Le philosophe, même s'il a parcouru les sphères transcendantes de Platon, saluera l'œuvre de Dieu dans une kermesse de Teniers comme dans les Apôtres de Léonard de Vinci.

Tout amateur de tableaux a ses sympathies : les misanthropes se complaisent devant les martyrs de Zurbaran ou devant *le Jugement dernier* de Michel-Ange; les amoureux vont aux pages romanesques de Giorgione, de Titien, de l'Albane, de Watteau; les mélancoliques s'abîment dans les cascades de Ruysdael et se perdent sous les ramées d'Hobbema; les penseurs étudient le *Cénacle* de Léonard de Vinci, *l'Ecole d'Athènes* de Raphaël, *la Leçon d'anatomie* de Rembrandt, *l'Arcadie* de Poussin; les voluptueux recherchent les poétiques figures de Corrége, de Lesueur, de Prud'hon, de Lawrence; les uns aiment les Italiens, les autres les Espagnols, ceux-ci les Allemands, ceux-là les Français, mais tout le monde aime les Flamands. —

C'est que tout le monde a le sentiment de la nature pittoresque, de la nature qui parle et qui vit. Pour comprendre les sublimités des dieux de la peinture, il faut avoir vécu longtemps dans leur intimité; pour comprendre l'esprit de Teniers, de Brauwer, d'Ostade, la poésie de Ruysdael, d'Hobbema et de Berghem, il ne faut que regarder l'œuvre de ces peintres charmants.

Par exemple, il ne faut pas être docteur ès lettres pour s'amuser toute une heure devant cette *Fête de village* de David Teniers, un chef-d'œuvre de composition et de lumière. Voilà qui n'est pas écrit en hébreu, voilà qui est à la portée de toutes les intelligences, les plus hautes comme les plus humbles.

Et ce que je dis de Teniers, je le dis de Van Ostade, je le dis de Ruysdael, je le dis de tous les autres. Chacun de ces peintres familiers, de ces conteurs du cabaret et du coin du feu, de ces poëtes du gué et du buisson, traduit à son tour plus ou moins gaiement, plus ou moins poétiquement, le poëme de la vie et de la nature.

Je ne ferai point ici une histoire des peintres flamands et hollandais. Je me contenterai d'évoquer ces physionomies originales qui s'accentuent chaque jour de plus en plus dans l'art consacré. Nous les saluerons au passage, ces vaillants artistes qui ont forcé le soleil de luire dans leurs tableaux, sinon dans leur pays, et qui ont à jamais donné au sol natal cette vie idéale sans laquelle la nature la plus féconde n'a pas le pouvoir de faire une nation. Oui, grâce à Rubens et à Rembrandt, à Van Dyck et à Ruysdael, la Belgique et la Hollande ont eu leur siècle de Périclès, de Léon X et de Louis XIV. Aussi on dit aujourd'hui le pays de Rubens et le pays de Rembrandt, deux royautés impérissables sur les royautés tombées en poussière. Ceux qui gouvernent les hommes n'ont qu'un temps, s'ils ne s'appellent pas Alexandre, César, Charlemagne et Napoléon. Ceux qui commentent l'œuvre de Dieu vont jusqu'aux dernières limites de l'infini, qui n'a pas de limites. Que de rois oubliés entre Homère et Lamartine, entre Zeuxis et Prud'hon!

L'école flamande à son début, comme l'école hollandaise dans toute sa carrière, semble ne devoir son caractère qu'à la séve du pays. Elle se montrera d'abord avec quelques réminiscences byzantines, mais plutôt dans les fonds d'or de ses cadres que dans les figures qu'elle anime. Dès le premier âge, elle abandonne la tradition. La peinture puise dans le sol de la patrie tout le lait qui va jaillir de ses fécondes mamelles. De Van Eyck à Rubens, de Rubens à Rembrandt, que de fois les peintres des Pays-Bas ont, sans y songer, représenté cette peinture puissante et libre sous la figure d'une de ces florissantes paysannes du pays d'Anvers ou du pays de Leyde, non pas belles de l'immortelle beauté que soutiennent les anges sur un trépied d'or, mais belles de la beauté humaine et périssable, belles par la grâce que donne la force, par l'éclat que donne la santé!

Même texte - Planches différentes.

4260.

5097
-5008

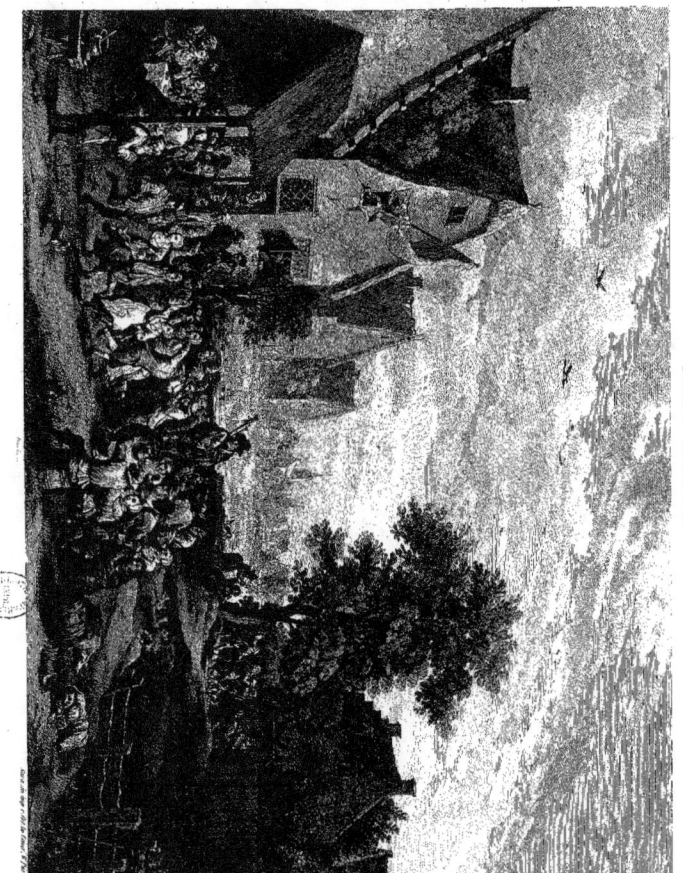

LE PARADIS FLAMAND.
DAVID TENIERS.

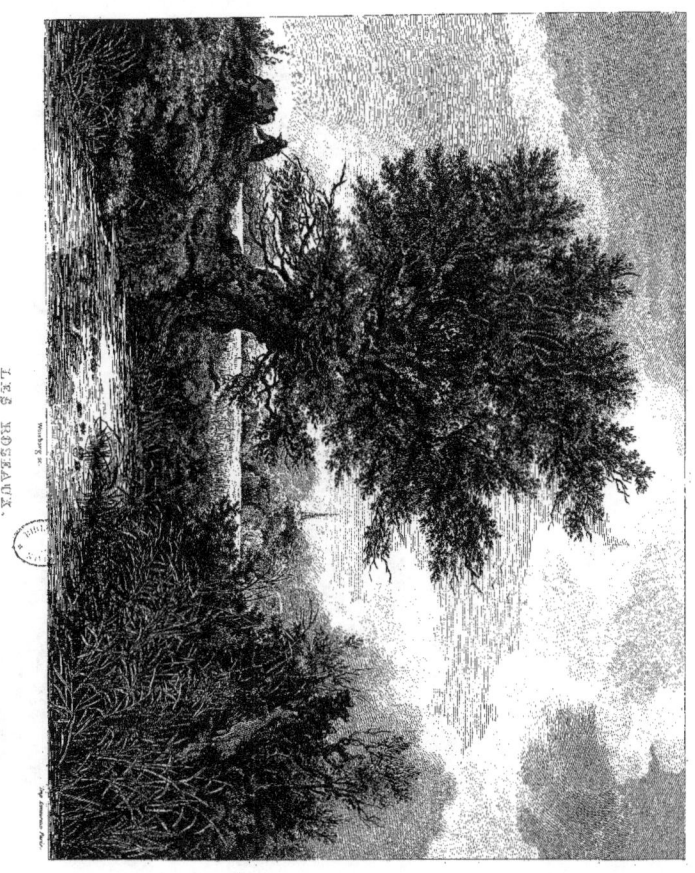

RUYSDAEL.

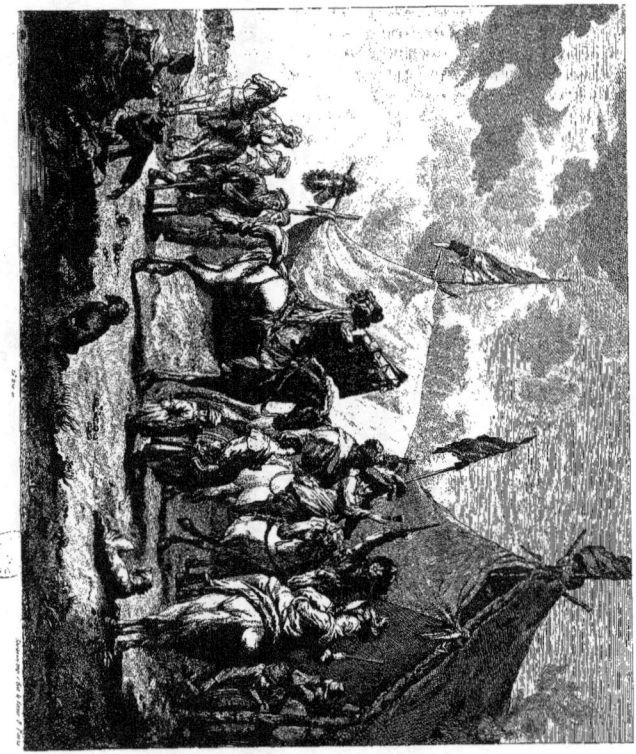

CAVALIERS EN BELLE HUMEUR.   P. WOUVERMANS.

Les premiers entre tous les peintres de l'ère moderne, les Flamands et les Hollandais ont eu l'œil simple dont parle Lavater, le grand physionomiste : « OEil simple, qui vois les objets tels qu'ils sont, à qui rien n'échappe et qui n'y ajoutes rien, combien je t'aime! Tu es la sagesse même. » Tout en s'éloignant du ciel par la pensée, on peut dire qu'ils se sont rapprochés de Dieu par l'OEIL SIMPLE; ils ont reproduit la Nature, l'œuvre du divin Maître, avec une fervente et pieuse fidélité.

Les Flandres n'ont pas eu seulement des paysagistes pour leur littérature nationale. Quel historien et quel théologien que Jean Van Eyck! Avons-nous de plus aimables romanciers que Terburg, Ostade, Metzu, Teniers? Quel philosophe profond, quel mystérieux penseur que Rembrandt! Quel rêveur que Breughel de Velours, avec ses paradis bleuâtres! Quel fantaisiste que Breughel d'Enfer, avec ses créations si sombres dans leur folie! Quel poëte épique Anvers avait dans Rubens! Quel historien dans Van Dyck! Quel poëte comique dans Brauwer! Mais chaque ville des Flandres était une capitale pour le génie.

Déjà, à l'école des Van Eyck, l'Art est amoureux de l'œuvre de Dieu. Ce n'est plus seulement pour les chrétiens agenouillés dans l'ombre des sanctuaires qu'il va représenter les pages sublimes de l'Évangile, c'est aussi pour la joie des yeux, les yeux qui sont panthéistes, même quand l'âme est chrétienne. Il demande à la couleur tout ce qu'elle peut donner de vie et d'éclat. Comme aux temps antiques, le sculpteur s'est épris de sa statue; il ne se contente pas de la faire vivre de la vie idéale, il veut lui donner la vie qui agite son cœur. L'Art est descendu un peu des hauteurs de l'Idéal, mais il s'est presque relevé par la Vérité. Tout en demeurant religieux, le regard levé au ciel, il sent qu'il est bien de ce monde. Dans ses fonds d'or, Wilhelm avait détaché les célestes figures de tout souvenir terrestre; Jean Van Eyck place Dieu sur la terre. Dans les tableaux que peignait Wilhelm avec l'accent byzantin dans le cadre en ogive, le Dieu des chrétiens ne descendait pas de son trône d'azur; dans les tableaux de Van Eyck, Dieu conserve toute sa sereine majesté, mais déjà près de lui on voit poindre la Nature : là-bas le coteau verdoie, les arbres s'élèvent, timides encore, mais tout à l'heure ils cacheront le ciel. Dans Dieu lui-même on voit percer l'homme. Les vieux maîtres flamands se sont trop rappelé ces paroles bibliques : « Dieu créa l'homme à son image. » Or, chez eux, l'homme cachera bientôt Dieu comme les arbres du paysage cachent déjà le ciel. La vie matérielle éclatera sur la vie immatérielle, les fraîches couleurs de la santé vont éteindre les rayonnements de l'âme. C'est l'éternelle histoire dont Pan ferme d'une main la première page, qui est Dieu, quand de l'autre il ouvre la dernière, qui est la Nature.

Les Van Eyck ramènent donc l'Art à un accent plus humain que céleste. L'idéal, qu'ils ont vu de trop loin, ils le tempèrent par le réel; ils ne suivent pas l'exemple des anciens, qui prenaient la grandeur, la beauté, la grâce dans le monde universel. Ils représentent un sentiment par une seule figure. En vain Hemling qui souffrit, Hemling dont l'âme put s'élever plus haut par la douleur, ranima le style allemand : il ne fit pas école. Il dépassa les maîtres de Cologne par l'austérité de la touche et l'élévation du sentiment; mais, malgré l'exemple donné par cet homme de génie, la peinture flamande ne voulut pas subir le joug adorable de la grâce immatérielle. Le Dieu de Hemling nous saisit et nous transporte. C'est le Dieu de ceux qui ont aimé, de ceux qui ont souffert. Mais, Hemling mort, c'est l'école des Van Eyck qui triomphe encore. Plus tard, sous Rubens, Van Dyck, Rembrandt, c'est l'homme qui domine, mais l'homme doué de toute l'intelligence divine et humaine, c'est l'œuvre de Dieu après Dieu. Plus tard encore, comme l'Art, entraîné par le Naturalisme, tend toujours à descendre, il ne représente plus que l'homme des mœurs privées, celui qui va boire au cabaret ou qui fume au coin de son feu. Voilà Hals, Brauwer, Metzu, Ostade, Teniers, Terburg, Steen, qui peignent la créature humaine dans toute sa vérité naïve, se contentent d'imiter et ne songeant pas à interpréter. Maintenant c'est la Nature qui va régner en souveraine maîtresse. La voyez-vous qui palpite sous les mains de Paul Potter et de Ruysdael? L'homme lui-même va disparaître. Dès les premiers jours de l'école flamande, la Nature s'était montrée timide et recueillie, mais attrayante déjà. Après avoir fleuri sous les mains patientes et amoureuses de Jean Van Eyck, Breughel, Everdingen, Paul Potter, Berghem, Ruysdael, Hobbema, comme elle s'est épuisée à toutes ces richesses, elle n'a plus rien à donner, ou plutôt nul d'entre ses enfants ne trouve la force de se suspendre à ses mamelles toujours fécondes. Qui oserait traduire encore ces poëmes et ces églogues, après tant de chefs-d'œuvre immortels? Cependant, comme les paysagistes ont voulu peindre la Nature dans ses effets, dans ses contrastes, dans ses aspects variés, ils ont négligé quelque détail qui pourrait tenter le génie à ses derniers jours. Van Huysum va venir, qui mettra la Nature dans un vase de fleurs. C'est encore la Nature, mais à sa dernière expression. Ici gît l'Art flamand et hollandais.

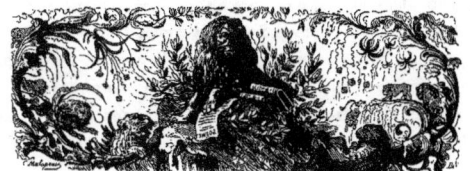

II

LES PEINTRES DE CABARETS ET DE KERMESSES.

 pourrait réunir dans la même étude tous les artistes flamands et hollandais, peintres de petits tableaux, qui appartiennent aux deux écoles, comme Teniers et Brauwer. Il y a là toute une pléiade d'artistes aux franches allures, toujours gais et vifs, qui courent le cabaret et la kermesse ; on leur pardonne volontiers de s'attarder jusqu'au matin dans les tavernes, car ils en sortent si bravement, le chapeau de travers et l'épée en ferrailleurs !

Ainsi nous quittons les gentilshommes de la peinture, les grands seigneurs d'Anvers, comme Rubens, Breughel, Van Dyck, pour les plébéiens de l'art, comme Hals, les Ostade, Brauwer; du cabinet royal de Rubens montons au grenier de Hals : il n'y a que la distance du génie au génie.

« Je ne connais, disait Van Dyck, aucun peintre au monde plus maître de son pinceau que Franz Hals. » Van Dyck ajoutait même que le maître d'Ostade aurait été le premier peintre de portraits s'il avait pu adoucir ses couleurs.

Hals, même dans les fumées du vin, n'oubliait pas qu'il était artiste et qu'il devait laisser un nom. « Je peins, disait-il, pour le nom de Hals. Le maître, et j'en suis un, doit cacher le travail servile du manœuvre avec les ressources de l'artiste. Il faut de l'exactitude dans les portraits, mais l'exactitude de l'art. » Un philosophe n'eût pas mieux dit du haut de sa tribune que Hals dans le fond du cabaret, car toute son école allait au cabaret.

Le cabaret d'ailleurs n'était pas autrefois ce qu'il est aujourd'hui ; les grands seigneurs y soupaient gaiement en folle compagnie. Dans celui des Flandres, on respirait une certaine poésie pittoresque, on avait de l'esprit sans le savoir. C'était le temps des mœurs grossières, mais naïves et curieuses : quiconque alors n'allait pas au cabaret n'avait pas de philosophie. Hals en avait un peu trop. Il mourut pauvre, à près de quatre-vingts ans, laissant trois ou quatre fils, peintres, musiciens et ivrognes, bohémiens dans l'Art comme dans la vie. Ses élèves dignes de lui sont Brauwer et Ostade.

Brauwer a vécu comme son maître, avec plus de génie et plus de passion ; aussi mourut-il à trente-deux ans. La débauche n'avait saisi Hals que dans l'âge mûr ; elle étreignit Brauwer à quinze ans. Celui-là fut un grand peintre, non pas de la famille de Léonard et de Raphaël, mais de la famille de Véronèse et de Rembrandt.

Il y a dans ses petits tableaux toute la puissance qui éclate fastueusement sur les grandes toiles vénitiennes. Sa poésie est en guenilles, mais quelles guenilles! Rembrandt les a baisées religieusement.

Sa vie aventureuse est toute une odyssée; c'est un roman, c'est un poëme, le poëme de l'homme de génie qui meurt à l'hôpital, cet autre Panthéon. Arrêtons-nous au premier chapitre du roman, et indiquons à peu près le sommaire des autres chapitres.

Brauwer passa sans transition du grenier au cabaret. Henry Van Soomeren, peintre dans sa jeunesse, était devenu aubergiste; Brauwer entra chez lui par hasard. Entre deux bouteilles, il se mit à peindre une querelle de soldats et de paysans. Soomeren reconnut le peintre dont Hals vendait si bien les tableaux. Cette œuvre, faite comme en jouant, lui fut aussitôt payée cent ducatons, à lui le peintre de tableaux à quatre sous. Il s'imaginait rêver. « Il répandit l'argent sur son lit et se roula dessus. » Après quoi il sortit en silence, ayant en mains les cent ducatons. Au bout de trois jours, il revint sans un sou, dépouillé par les filles et par les cabaretiers. Il vécut ainsi à Amsterdam durant quelques années. A la fin, criblé de dettes, il partit de cette ville pour aller faire ailleurs. Il se mit en route pour Anvers. Ce fut dans ce voyage qu'il rencontra David Teniers, à peine adolescent, qui allait d'Anvers à Amsterdam, en compagnie d'un âne, pour y vendre les tableaux de son père. A son arrivée à Anvers, il fut arrêté comme espion et jeté dans la citadelle avec les prisonniers de guerre. Parmi les prisonniers était le duc d'Aremberg. « Qui êtes-vous? lui demanda le duc en le voyant pleurer. — Donnez-moi une palette et des pinceaux, » répondit le peintre. Le duc envoya chez Rubens; une heure après, Brauwer avait le pinceau à la main. Par la lucarne de son cachot, il voyait des soldats espagnols jouer aux dés dans la cour. Il esquissa cette scène avec beaucoup de verve, selon sa coutume. Le duc d'Aremberg ne savait comment juger l'œuvre, quand Rubens survint. « Sur mon âme! ce tableau est de Brauwer, s'écria-t-il; lui seul peut peindre de tels sujets avec autant de force et de beauté. » Le duc demanda à Rubens combien il estimait ce tableau; le grand maître répondit qu'il en offrait trois cents rycksdaelders (à peu près six cents florins). Le duc voulut le garder, autant pour la singularité de l'aventure que pour la beauté de l'œuvre. Rubens descendit à la hâte au cachot de Brauwer et l'embrassa avec des larmes de joie et de compassion; il obtint sa liberté et l'emmena en son palais, lui déclarant qu'il y trouverait toujours une fraternelle hospitalité.

Brauwer retrouva le jeune David Teniers à l'atelier de Rubens; il lui donna des leçons et le détourna des grandes pages. Peu s'en fallut que tout l'atelier ne suivît la manière de Brauwer, tant il était éloquent avec la poésie du cabaret. Mais ce nouveau venu qui allait faire une révolution disparut tout à coup. Brauwer ne se trouvait guère

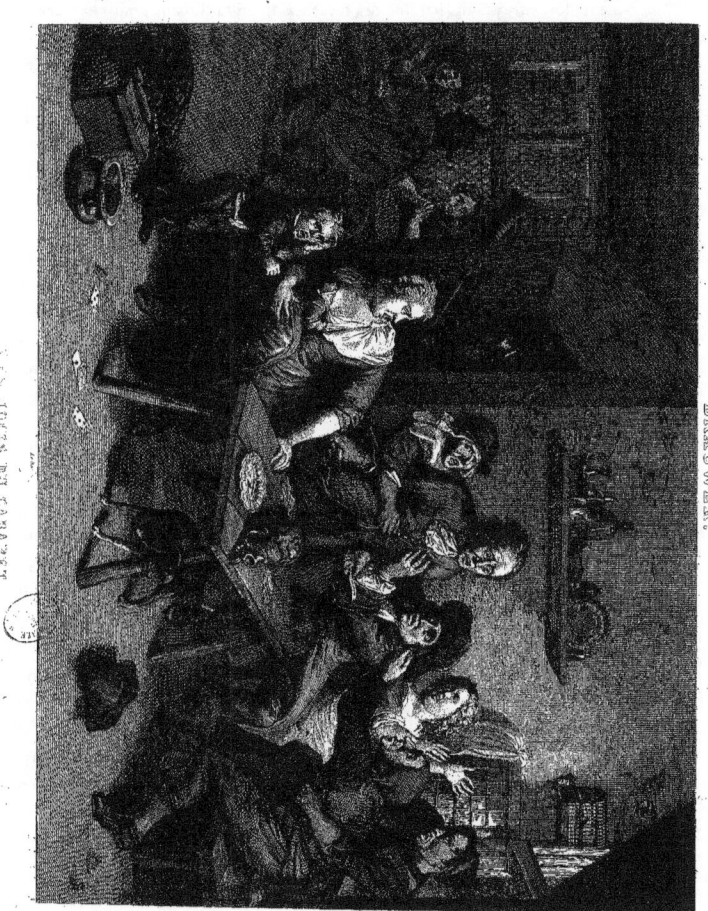

mieux dans le palais de Rubens que dans le grenier de Hals : ce n'était ni un palais ni un grenier qu'il fallait à cet artiste de hasard, tour à tour naïf et gai comme un enfant ou courbé sous la débauche. Les belles manières de Rubens, son langage étudié et sévère, toute sa cour de grands seigneurs, tous ses disciples vêtus de velours et de dentelles, effrayaient l'habitué des tavernes. Il quitta Rubens pour chercher, selon sa coutume, fortune en plein vent. Il rencontra au cabaret un original qui buvait gaiement et contait avec verve. C'était le fameux boulanger Joseph Van Craesbeke, qui devint peintre en voyant peindre Brauwer. Ils burent ensemble. Craesbeke s'émerveilla du talent de Brauwer; il l'attira chez lui et le nourrit. Cette fois c'était l'élève qui donnait l'hospitalité. Craesbeke fut trop hospitalier, car sa femme était jolie et Brauwer était galant. Le scandale devint si éclatant, que la justice ordonna à Brauwer de quitter la ville. Cette fois, il partit pour Paris.

A Paris comme à Harlem, comme à Amsterdam, comme à Anvers, il eut du génie au cabaret, en compagnie des enfants prodigues et des filles de joie. Il sentit bientôt que c'en était fait de lui : il voulut revoir Anvers, il y retourna, mais il eut à peine le temps de descendre à l'hôpital pour ne pas mourir dans la rue. Il expira deux jours après, sans un ami pour lui parler de la terre où son génie était aimé, pour lui parler du ciel, la patrie des grands cœurs. Son corps fut jeté dans la fosse commune; mais Rubens, toujours hospitalier, le fit déterrer, et donna une tombe dans l'église des Carmes à celui qu'il voulait loger dans son palais.

Nul n'a saisi la vérité pittoresque avec plus de franchise et d'esprit que Brauwer; nul, dans un pareil espace, n'a plus pompeusement répandu la lumière. Celui-là n'était pas un miniaturiste patient comme tant de ses compatriotes trop vantés : sa touche était large, pleine de vie et d'effet. Ses paysans ivres, ses rustres endimanchés, ses chirurgiens à l'œuvre, ses joueurs en colère, ses libertins en gaieté, sont de petites merveilles qu'il faut admirer comme les créations d'un des talents les plus robustes qui aient régné dans les Flandres.

Craesbeke n'est guère que la grimace de Brauwer; il n'a ni sa richesse de ton, ni sa fierté de touche, ni sa finesse d'expression. Cependant il y aurait de l'injustice à nier l'entrain, le tour facile, la touche solide de cet autre peintre de hasard. Brauwer était l'Homère du cabaret, Craesbeke n'en était que le Diogène. Rien qu'à le voir, d'ailleurs, on jugeait que l'élève n'était que le bouffon du maître. Brauwer avait une belle tête fière et dédaigneuse, ennoblie par l'orgueil du talent. Il s'habillait avec faste et tranchait du grand seigneur; en franchissant le seuil des tavernes, il retroussait ses moustaches en raffiné et se faisait verser à boire avec insolence. Craesbeke était un ivrogne trivial, portant mal une tête vulgaire que nulle grande pensée, que nul beau sentiment n'avait illuminée.

Adrien Van Ostade fut tout à la fois élève de Franz Hals, son maître reconnu, et de Brauwer, son condisciple. Il imita l'un et l'autre. Plus tard, émerveillé des petits tableaux de David Teniers, il se laissa séduire à cette autre manière non moins curieuse, mais, sur le conseil de Brauwer, qui n'aimait pas les copistes, il suivit enfin la route où sa nature l'entraînait. Tout en peignant les mêmes sujets que Teniers et Brauwer, il a son cachet bien distinct, soit par l'effet lumineux, soit par les ajustements, soit par le coloris, soit par l'expression. Ce n'est ni le même soleil, ni le même pays, ni les mêmes hommes. Il est plus grotesque et n'a pas moins d'esprit. Teniers est plus logique et compose mieux, Ostade est plus vigoureux et plus fini. Son dessin n'est pas choisi; mais quelle légèreté de touche, quelle transparence, quelle chaleur de ton! Comme il séduit l'œil et détourne l'esprit de critique dans ces intérieurs agrestes dont la fenêtre est si poétiquement égayée par le soleil et les herbes grimpantes! Quel génie pour le détail et pour l'ordre! Dans ses intérieurs, on a tout sous la main; on passe, sans déranger personne, autour de la ménagère et des enfants. Il semble que ses tableaux soient peints en émail; tout y est clair, tout y est en relief. Ostade était varié dans ses créations; il a peint tour à tour des ménagères et des fumeurs, des matelots et des ivrognes, des joueurs de quilles et des joueurs de trictrac, des hivers et des tabagies, des musiciens en plein vent et des philosophes en méditation, des maîtres d'école en fonctions et des amoureux rustiques à mi-chemin de Cythère. Il s'est représenté plusieurs fois peignant au milieu de sa famille. Le joli tableau du Musée du Louvre nous montre ses huit enfants endimanchés pour la postérité. C'était un homme fécond en tous genres. Il gravait comme il peignait. Il a laissé des gravures sans nombre, de beaucoup d'effet et d'esprit. Les historiens ne s'inquiètent pas de sa vie privée; sans doute il fut heureux au milieu de ses tableaux et de ses enfants.

Isaac Van Ostade, élève de son frère, mourut trop jeune. A en juger par les tableaux qu'il a laissés, on peut dire qu'il était digne d'Adrien par le tour naïf, l'accent de vérité et l'esprit pittoresque. Comme son frère, il peignit des grotesques et des paysanneries. Ses haltes de voyageurs à la porte de l'hôtellerie sont peintes avec beaucoup d'entrain et de chaleur de ton.

Adrien Van Ostade est l'idéal du laid, le point suprême. Un peu plus loin, c'est la caricature. Ce qui sauve les bambochades de tous les peintres flamands et hollandais de la même période et du même genre, c'est qu'elles sont plus accentuées que celles de la nature. L'Art a toujours son privilége.

De Van Ostade à David Teniers il n'y a que la distance d'une pipe et d'un broc. C'est la même école.

Dans ses heures de loisir, se rappelant les leçons de son père, Teniers créait en

CORPS DE GARDE HOLLANDAIS.

CORNILLE TROOST

quelques coups de pinceau une scène prise autour de lui dans la nature. Il finit par abandonner tout à fait les grands sujets; il borna son génie, génie flamand avant tout, dans un horizon flamand. Il s'était lassé de voir des saints en extase, des saintes en pénitence; il n'avait jamais rencontré de pareils tableaux sur son chemin. Assez d'autres avaient peint pour la gloire de l'Église catholique, apostolique et romaine; n'était-il pas temps de représenter la créature humaine sous une autre face, dans un caractère plus gai? Puisque la peinture est un miroir, pourquoi ne pas promener ce miroir dans le chemin où l'on passe aussi bien que dans le chemin du rêve? Le tableau de la joie franche et naïve, le tableau de la vie telle qu'elle est, ne doit pas être indigne de l'Art; la poésie en prose est aussi la poésie. Ainsi raisonnait Teniers, et, comme tous les hommes de talent, il avait raison.

Brauwer et Craesbeke avaient pris à Anvers, parmi les mariniers et les buveurs, toutes les physionomies originales; pas un intérieur de cabaret, pas une figure plaisante qu'ils n'eussent peints à diverses reprises. David Teniers voulut aller à la conquête d'un nouveau monde; il ne fit pas grand chemin pour cela. Entre Malines et Anvers, au village de Perck, il y avait un château à vendre, le château des Trois-Tours, vieil édifice gothique digne d'abriter un prince. David Teniers, qui était un haut baron parmi les peintres flamands, acheta hardiment le château, résolu d'y passer sa vie en pleine nature. Le lieu était bien choisi : clocher pointu, prairie, étang, enclos pittoresque, ménétriers, ivrognes, tout ce que Teniers cherchait, il le trouva à Perck et aux villages environnants. Il mena grand train : il eut des laquais et des équipages. Ce qui surprendra sans doute, c'est qu'il étudiait presque toujours les danses et les cabarets par la portière de son carrosse. Il n'imitait point en cela son ami Brauwer, qui buvait et dansait avec ses modèles.

Cependant ce peintre grand seigneur n'étudiait pas toujours en carrosse; dans ses kermesses, nous le voyons quelquefois assis au bout d'une table rustique, entre sa femme et ses enfants, suivant d'un regard pénétrant tous les jeux de physionomie des buveurs éparpillés autour de lui; il lui arrive même de verser à boire à ses modèles, mais d'une main blanche et dédaigneuse, qui contraste singulièrement avec cette action bachique.

Son grand train le ruina deux fois. A sa première ruine, il se contenta de travailler la nuit : il n'en supprima point pour cela un seul cheval ni un seul domestique; il n'en reçut pas moins des excellences de tous les pays, qui se croyaient, au château des Trois-Tours, dans un château royal. Le travail rétablit ses finances. On assure qu'il produisit jusqu'à trois cent cinquante tableaux dans une seule année. Mais à force de produire, il désespéra les chalands, ses œuvres tombèrent de prix; bien des tableaux restèrent suspendus aux lambris dorés de l'atelier. Alors, ne sachant plus comment se tirer d'affaire, on rapporte que Teniers, de complicité avec sa femme et ses enfants, se fit passer pour mort. On éleva un mausolée dans le jardin; Anne Breughel revêtit un habit de deuil; enfin la comédie fut jouée si bien, que le dénoûment prévu arriva. Les tableaux de Teniers quadruplèrent de prix ; ce que voyant, Teniers sortit de son atelier et reprit encore son beau train de vie. Mais que faut-il croire de ceci ? Teniers, avec ses sentiments religieux, n'eût jamais consenti à jouer ainsi la comédie de la mort. D'ailleurs, Anne Breughel, cette épouse si adorée et si adorable, cette mère si tendre et si pieuse, n'eût jamais voulu profaner les larmes du veuvage.

L'œuvre de Teniers est partout, hormis à Anvers, sa patrie. Qui n'a vu avec un sourire de béatitude ses joueurs de boules, ses joueurs de quilles, ses joueurs de cartes, ses galants endimanchés qui filent le parfait amour entre une pipe et un pot de bière, ses musiciens étourdissants, ses pêcheurs si patients, ses alchimistes si profonds, ses cabaretiers dont la figure est déjà une enseigne, ses guinguettes si joyeuses, ses tabagies si bien enfumées, ses hommes changés en bêtes, ses bêtes changées en hommes tout aussi naturellement, enfin ces paysanneries, ces kermesses, ces fêtes de village où les acteurs jettent si franchement leurs bonnets par-dessus les moulins?

On peut dire que Teniers a peint tout ce qu'il a vu. Pas une figure originale n'a passé vainement sous ses yeux; la Nature elle-même l'a inspiré dans toutes les saisons et sous toutes ses faces. Sa galerie, qui de son aveu tiendrait deux lieues de pays, n'est pourtant pas très-variée; c'est le même tableau étudié à divers points de vue; ainsi, dans ses fêtes, on voit toujours des danseurs éperdus, des buveurs qui se battent et roulent avec les tonneaux vides, un ivrogne qui va en zigzag réfléchir dans un coin, des gourmands attablés, des joueurs de flûte ou des joueurs de violon qui battent la mesure à coups de verres, enfin un groupe de grands seigneurs qui ont l'air d'être au spectacle.

Certains petits tableaux de ce maître, peu connus sans doute, peut-être même dédaignés, me séduisent beaucoup plus que ses buveurs éternels; ainsi, *la Bohémienne en couches*, *le Sabbat*, *la Solitude*, quelques autres encore, me prouvent que Teniers a eu ses jours de mystérieuse poésie. La bohémienne, cette Juive errante qui n'a le plus souvent d'autre abri que le ciel, a été bien comprise par le peintre; elle accouche dans le creux d'une roche, son berceau et sa tombe. Toute sa misère est reproduite avec une vérité qui vous effraye. *Le Sabbat* est une fantaisie à la Callot. *La Solitude* appartient plutôt au génie du peintre : une ruine abandonnée sous un ciel triste; un berger conduit ses moutons dans un ravin, trois solitaires discourent bruyamment sur les bienfaits du silence. Beaucoup de caractères. Mais pourtant la poésie de Teniers est surtout la poésie de la gaieté. Sa philosophie est toujours au cabaret. Un de ses tableaux, qu'il a appelé *l'École flamande*, enseigne, à l'en croire,

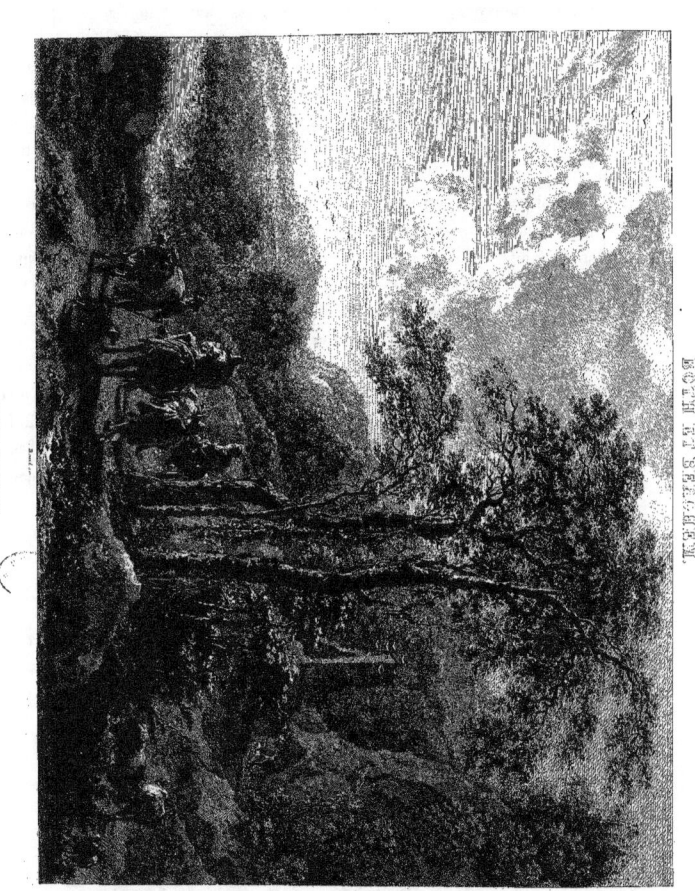

HAYDOCK.

LES PEINTRES DE CABARETS ET DE KERMESSES.

la vraie science de la vie. Or, cette école a pour maître un franc buveur qui préside ses disciples sur un tonneau en perce. Il tient d'une main un broc, de l'autre il soutient sa pipe; il hume du même coup bière et tabac, tout en regardant passer Margot par la fenêtre. Les disciples sont dignes d'un tel maître; ils apprennent à jouer aux cartes et à apprivoiser la cabaretière : ils n'ont pas d'autre alphabet.

Teniers, qui aimait avant tout le coloris de Titien et de Rubens, prouva à son tour, comme ces maîtres l'avaient prouvé, qu'on peut donner beaucoup d'effet à un tableau sans avoir recours aux grandes oppositions. Dans ses tableaux, le clair-obscur est senti si aisément qu'on dirait qu'il n'y a pas songé. Quelques-unes de ses pêches, de ses chasses, de ses tabagies, où tout est clair, surprennent par leur effet tout simple. C'est là un des caractères des franches palettes.

Le vrai peintre du cabaret, c'est Jean Steen, qui ne peignit jamais qu'entre deux vins. Il étudia sous Brauwer et Van Goyen, le peintre de paysages marins ou aquatiques. Van Goyen lui donna sa fille en mariage. C'était un esprit original, qui, pour son malheur, avait suivi toutes les leçons de Brauwer, celles du cabaret comme celles de l'atelier. A peine marié, craignant de ne pouvoir vivre de son talent, il s'établit dans une brasserie à Delft. Il aurait pu s'y enrichir, mais il acheva de s'y perdre; le peintre n'était que dissipé, le brasseur devint ivrogne. En moins d'un an il était ruiné. Il pouvait tomber plus bas, il y tomba; de brasseur il se fit cabaretier. Quand sa femme lui demandait du pain pour ses enfants, il lui versait à boire. « C'était lui qui buvait le plus de son vin, dit Descamps; quand la cave était vide, il ôtait l'enseigne et s'enfermait chez lui, peignait à force, et, de quelques tableaux qu'il vendait bien, il achetait du vin qu'il buvait encore : tous les cabaretiers n'ont pas cette ressource. » La vie éclate dans ses tableaux. Il peignait habituellement ce qu'il avait sous les yeux : des buveurs ivres; cependant il avait en lui quelques lueurs de poésie élevée. Il a peint des tableaux d'histoire avec assez de noblesse : son dessin a du caractère et du mouvement, sa couleur est vive et charmante, quoique un peu noire. Il s'est représenté lui-même, tantôt mangeant des huîtres en compagnie de sa femme qui lui présente un verre de vin, tantôt présidant une troupe de buveurs. Un des plus curieux est celui où sa femme le prend par les cheveux et le frappe avec une savate; le peintre, habitué à ces tendresses, se défend par un éclat de rire.

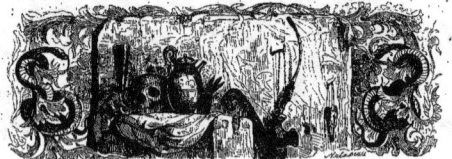

III

LES PEINTRES DE LA VIE PRIVÉE.

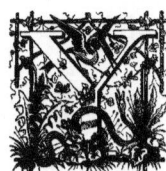 A-T-IL un roman plus intime de la Hollande que l'œuvre de Terburg? Y en a-t-il un plus familier que l'œuvre de Gérard Dow? Terburg n'eut point de maître, mais il est bien de son pays. Il courut l'Italie, la France et l'Espagne, sans changer son goût tout hollandais, empreint de poésie réaliste. Il naquit en 1608 à Zwol, province d'Over-Yssel, d'une famille ancienne, aimant les arts et les artistes. Terburg appartient aux peintres grands seigneurs. Beau, aimant le faste, aventureux, il passa toute sa jeunesse en galantes équipées. A la cour d'Espagne, où il fut créé chevalier, les grandes dames le trouvèrent si charmant, qu'il fut contraint, après plusieurs duels, de fuir en secret, menacé sérieusement par la jalousie des Espagnols. Il débarqua à Londres, où il fut recherché pour ses portraits, quoiqu'il les fît payer comme ceux de Van Dyck. De Londres il vint à Paris, où il acheva de faire sa fortune. A la fin, fatigué de courir le monde, il retourna dans son pays. Il se maria à Deventer à une de ses cousines, qui ne lui donna pas d'enfants. Il devint bourgmestre de la ville et y mourut très-considéré en 1681. Sa dépouille mortelle fut portée à Zwol.

Ses portraits et ses tableaux sont d'un joli effet; il y a répandu un sentiment de distinction qu'on cherche vainement dans les petits peintres du temps. Son dessin est rond et lourd, mais sa touche est si ferme et si large, sa couleur est si belle et si transparente, que le regard tout enivré oublie les fautes du dessinateur. Ses scènes de la vie privée représentent des leçons de musique, des dames qui jouent aux cartes, des cavaliers se pavanant devant des jeunes filles, mille scènes d'intérieur prises dans le beau monde, ou tout au moins dans la bourgeoisie.

Quoique élève de Paul Potter, Jean Le Duc, de La Haye, est plus près de Terburg ou de Zacht-Leeven dans ses cavaliers et ses dames galantes. Malgré beaucoup de succès dans la peinture, il se fit soldat, devint capitaine et ne quitta plus l'épée pour le pinceau. Ç'a été une perte pour l'art familier.

Au commencement du dix-septième siècle, il y avait à Leyde un atelier mystérieux et solitaire où l'on n'était admis qu'après bien des prières; il était plus simple et plus aisé d'avoir une audience du pape que du peintre de cet atelier. Quoique ce fût un homme robuste, aux allures rustiques, il n'entrait lui-même dans son atelier qu'avec

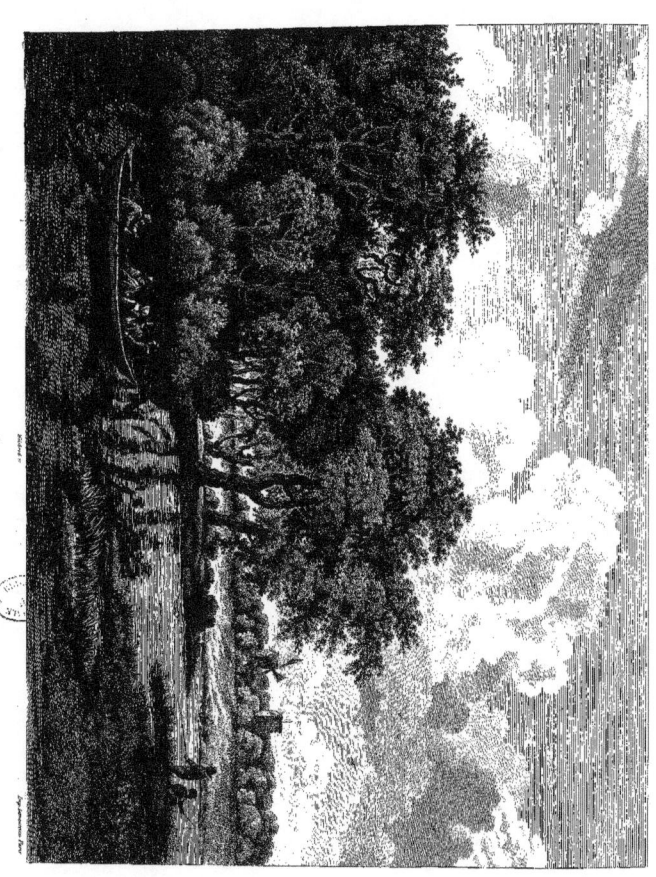

LES PÊCHEURS.

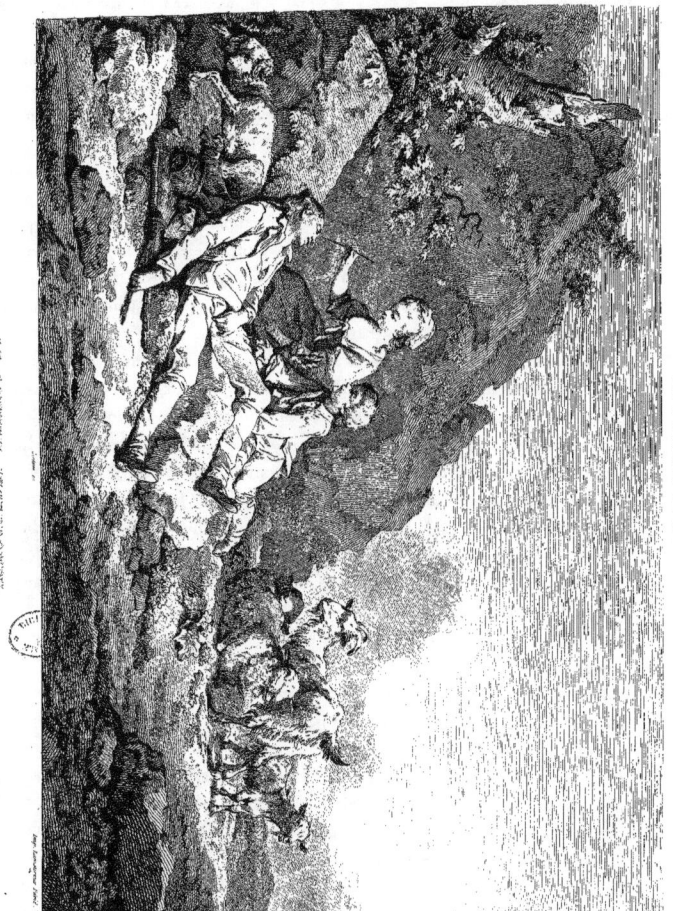

LE SOMMET TERRIBLE DE

YOUTKERBORK.

respect, avec religion. Il franchissait doucement le seuil, refermait la porte sans secousse et s'avançait à pas de loup sur son escabeau devant l'œuvre ébauchée. Il avait la poussière en effroi. Il demeurait immobile durant quelques secondes, craignant de respirer, regardant vers le rayon de soleil si la poussière ne tamisait pas, inquiété par une mouche étourdie et une araignée échappée aux solives. Quand il avait vu tomber le dernier duvet soulevé par son pied, quand il s'était convaincu que l'air pouvait à peine pénétrer, il ouvrait sa boîte à couleurs, les broyait lui-même et se mettait à l'œuvre. Vous avez reconnu Gérard Dow. Celui-là représente bien deux caractères du génie hollandais : la propreté et la patience.

Gérard Dow étudia dans l'atelier de Rembrandt, qui peignait encore dans sa première manière, avec une grande sollicitude pour le fini. Gérard Dow l'imita pieusement, convaincu qu'il avait pour maître un grand maître. A dix-huit ans, il prit un atelier. Il était déjà renommé pour sa touche courtoise et délicate. Tout le monde voulut d'abord avoir son portrait en petit par le jeune Gérard Dow; mais six mois après, personne ne voulut plus en entendre parler. Il lui fallait cinq jours pour finir une main. Il impatienta les plus patients de la Hollande.

Il se mit à peindre alors toutes ces jolies merveilles qui courent les musées de l'Europe, ces charlatans, ces joueurs de flûte, ces bouquetières, ces joueurs de cartes, ces cuisinières que se disputent avec fureur ceux qui aiment avant tout le génie de la patience. Nous croyons que le génie n'est pas dans la patience. Le génie est né libre et capricieux. Il prend le chemin de l'aigle et non celui des tortues. Nous voyons avec peine Gérard Dow avouer à Bamboche qu'il passait trois jours à peindre un manche à balai. Était-ce bien là le disciple du fier Rembrandt? Hâtons-nous de dire que Gérard Dow conservait son feu sous la cendre amère du travail. C'est un triomphe, c'est comme un miracle; mais l'Art est le dieu des miracles. La couleur de Gérard Dow n'est ni fatiguée ni refroidie dans le travail; elle est vive et harmonieuse. Sa touche a toujours son éternelle fraîcheur; il est merveilleusement fini sans cesser d'être vigoureux.

Gérard Dow, tout bonhomme qu'il se montrât avec ses lunettes et sa patience, ne manquait pas d'une certaine vanité. Ainsi il disait de Miéris : « C'est le prince de mes élèves. » L'élève est au-dessous du maître, mais il a une touche plus libre et plus décidée. On se promène mieux autour de ses personnages, parce que ses plans sont plus vagues. Son dessin est plus spirituel, sa couleur est moins tourmentée; c'est un homme de plus de ressource et d'imagination. On voit dans ses tableaux qu'il vivait dans un monde plus distingué; il y a de la recherche dans son costume, sa femme est habillée de satin, son intérieur étale un certain luxe. Ses scènes domestiques ne sont intéressantes que par la magie de l'art; il représentait habituellement un jeune garçon soufflant des bulles de savon, une jeune femme caressant un chien, un déjeuner de famille, une conversation, une vieille qui lit la gazette, un petit concert, çà et là un tableau d'histoire, comme *Lucrèce* et *Madeleine*. Il a peint des bacchanales qui ne manquent ni d'entrain ni de mouvement, où l'on respire assez bien l'odeur verte du pampre. Son chef-d'œuvre est une jeune femme évanouie avec un médecin et une vieille en pleurs ; c'est le digne pendant de la *Femme hydropique* de son maître. Miéris fut payé un ducat par heure durant tout le temps qu'il peignit ce sujet. Le tableau coûta quinze cents florins. Le grand-duc de Florence offrit, en voyant ce chef-d'œuvre, de payer le talent de Miéris deux ducats par heure.

Gabriel Metzu imita et surpassa Gérard Dow, Terburg et Franz Miéris ; il vécut solitaire et presque oublié. Il a continué la même galerie de petits tableaux avec une touche plus large. On voit bien par ses œuvres qu'il aurait pu devenir un peintre à grandes figures, un peintre de la famille de Van Dyck et de Rembrandt, témoin son *Portrait de l'amiral Tromp* et sa *Femme adultère* du Musée du Louvre. Nul coloriste ne posséda le don de l'harmonie à un plus haut degré. Il trouvait inutile d'opposer une couleur à une autre pour l'accord de l'effet. Vous avez vu ses femmes habillées d'étoffes rouges entre un fauteuil rouge, devant des rideaux rouges ? C'est comme un jeu du peintre ; on sent passer l'air entre la femme, le fauteuil et le rideau ; chaque ton a sa valeur relative, qui le détache harmonieusement du ton qui le touche. Metzu augmentait par magie les couches de l'air suivant l'espace. Il faut citer parmi ses œuvres quelques tableaux bibliques, comme *l'Enfant prodigue* et *la Femme adultère*, traduits en hollandais ; plus souvent il représentait des pages animées de la vie bourgeoise. Il est plus varié et plus fécond en ressources que ses devanciers. Il est même plus vrai, par la raison qu'il a moins cherché les raffinements du vrai.

Gonzalez Coques rappelle Terburg par ses scènes de famille. Il vécut, comme ces deux maîtres, en familiarité avec les rois et les princes. Sa touche était tout à la fois large et précieuse ; tout petits qu'ils soient, ses portraits ont toute la fière tournure de ceux des grands portraitistes ; et dans ses scènes de famille il a toute la délicatesse de Terburg.

A la même page, on peut placer Peter de Hooge, un vrai peintre de mœurs et de caractères. Il a quelques points de parenté avec Gonzalez Coques ; il est comme lui fier et vigoureux ; sa touche aussi est large et légère, mais il est moins fin et moins vrai dans le coloris. Quoique élève de Berghem, il appartient bien à la famille des peintres de la vie privée. Il représentait des conversations, des corps de garde, des joueurs de cartes, des déjeuners galants. Il est né et il est mort sans que nul historien se soit inquiété du lieu de son berceau ni de sa tombe.

Il faut nommer après lui Corneille Troost, esprit distingué, plein de verve et de désinvolture, qui excellait à représenter des corps de garde et des scènes de comédie, une première expression de Carle Vernet et de Meissonier.

Il y a les Vanloo hollandais et les Vanloo français, bien qu'ils soient tous de la même famille, même en peinture; mais Jean-Baptiste et Carle Vanloo appartiennent, comme Philippe de Champagne et Van der Meulen, à l'histoire de la peinture française. Jean Vanloo fut le premier du nom. Il peignait au commencement du dix-septième siècle, à l'Écluse, des sujets galants pris dans l'histoire ou dans la vie privée.

Son fils, Jacques Vanloo, père de Jean-Baptiste et de Carle, fut non-seulement un des meilleurs coloristes de l'école hollandaise, mais un des plus francs dessinateurs. On connaît son célèbre *Coucher à l'italienne* (une femme nue vue par le dos prête à se coucher); la gravure de ce tableau, par Porporati, est dans tous les ateliers. Il y a au Louvre un portrait de M. Corneille par J. Vanloo, qui était venu habiter la France.

Brackemburg, qui l'a beaucoup étudié dans ses danses de courtisanes, Brackemburg était peintre et poëte. Il a vécu comme Brauwer et peint comme Miéris, avec un cachet à lui. C'était un esprit enjoué, un panthéiste en belle humeur cherchant toutes les joies de la vigne et de l'amour. Son pinceau est flou et léger, sa touche vive et spirituelle, sa couleur vigoureuse et vraie. J'ai admiré au palais Pitti un petit chef-d'œuvre de Brackemburg : c'est son portrait. Il porte une belle tête, pleine de gaieté et d'entrain. C'est franchement touché, avec beaucoup d'esprit et de chaleur de ton. Pour tout attribut, le peintre n'a choisi qu'un violon et une pipe.

Le vrai maître de la peinture licencieuse est Jean Torrentius, l'athée et le cynique. Pétrone et Arétin n'eussent pas osé signer ses tableaux. Les peintures antiques trouvées à Pompéi dans la maison des courtisanes ne sont pas si furieuses dans leur nudité que ne l'étaient celles de Torrentius dans leur galant déshabillé. Elles furent brûlées par la main du bourreau ; c'étaient des chefs-d'œuvre. Torrentius ne fut pas brûlé, mais il fut mis à la question. Les tortures ne lui arrachèrent pas un repentir sur son impiété. C'est qu'il croyait que l'Art a ses grandes franchises.

Lutherbourg, un Flamand francisé, appartient au groupe des peintres romanesques. C'est le dernier venu. Il rappelle à la fois Gonzalez Coques et Jean Vanloo. Il lui arrive même d'imiter Boucher. Diderot l'a reconnu peintre : c'est un titre de noblesse.

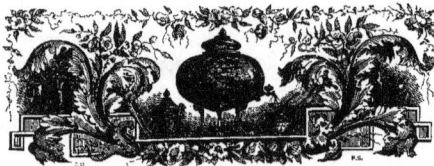

IV

LES PAYSAGISTES.

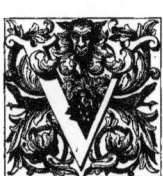an Eyck, qui descendait Dieu sur la terre au lieu de s'élever jusqu'à Dieu, Van Eyck, qui ouvrait de vertes et aventureuses échappées dans les fonds d'or de l'école de Cologne, fut le premier paysagiste flamand. C'est déjà la belle prairie de Gand et la montagne boisée des bords de la Meuse qu'il reproduit dans ses fonds aériens. Patenier, de Bles, Van Helmont, presque tous les paysagistes du quinzième siècle, ont étudié d'après Van Eyck.

Les paysages de Van Eyck resplendissent sous les rayons d'un soleil d'avril ou de mai : c'est le printemps dans tout son vif épanouissement. Les paysages de Hemling sont ceux de l'été : verdure plus sombre, arbres plus touffus, ombres plus vigoureuses, masses de lumière plus grandes et plus calmes : c'est un peintre austère, même devant le sourire de la Nature.

Les premiers paysagistes hollandais n'ayant pas sous les yeux la grandeur des lignes, la majesté des horizons, l'éclat pittoresque des sites, cherchèrent bien plutôt la couleur que le style, ils s'attachèrent plus ardemment au détail qu'à l'ensemble, ils ne cherchèrent pas à réunir beaucoup d'effets dans un tableau : la moindre échappée les séduisait; ainsi une vache agenouillée dans l'herbe, un bateau sur le canal, une cascade au coin d'un bois, une maison au bord de l'eau, voilà de quoi contenter vingt artistes épris du simple spectacle de la nature.

Il faudrait écrire tout un volume pour exprimer les physionomies variées des paysagistes flamands et hollandais depuis Everdingen, l'amoureux de la neige et de la cascade, Albert Van Ouwater, qui annonçait déjà au quinzième siècle la poésie des horizons de Ruysdael, jusqu'à Hobbema et Huysmans, ces deux maîtres souverains de la forêt et du rayon. Je ne veux m'arrêter ici que devant trois figures, Paul Potter, Berghem, Ruysdael, le réalisme, l'imagination, le sentiment.

Paul Potter surprend plutôt qu'il ne charme; c'est la nature elle-même qu'il a fixée sur sa toile comme dans un miroir. Il n'a pas attendu que le nuage qui passait dans son ciel fût éclairci ou doré par un rayon de soleil; il n'a pas recherché tel arbre ou tel feuillage; il a vu, il a peint. Aussi est-il toujours vrai, quelquefois trop vrai. Dans son temps, on était si bien accoutumé au paysage italien, qu'on l'accusa de voir faux quand il donnait à ses prairies ce vert tendre et argentin qui est la verdure naturelle adoucie par l'air ambiant. Berghem, plus séduisant par ses tons chauds, donnait tort

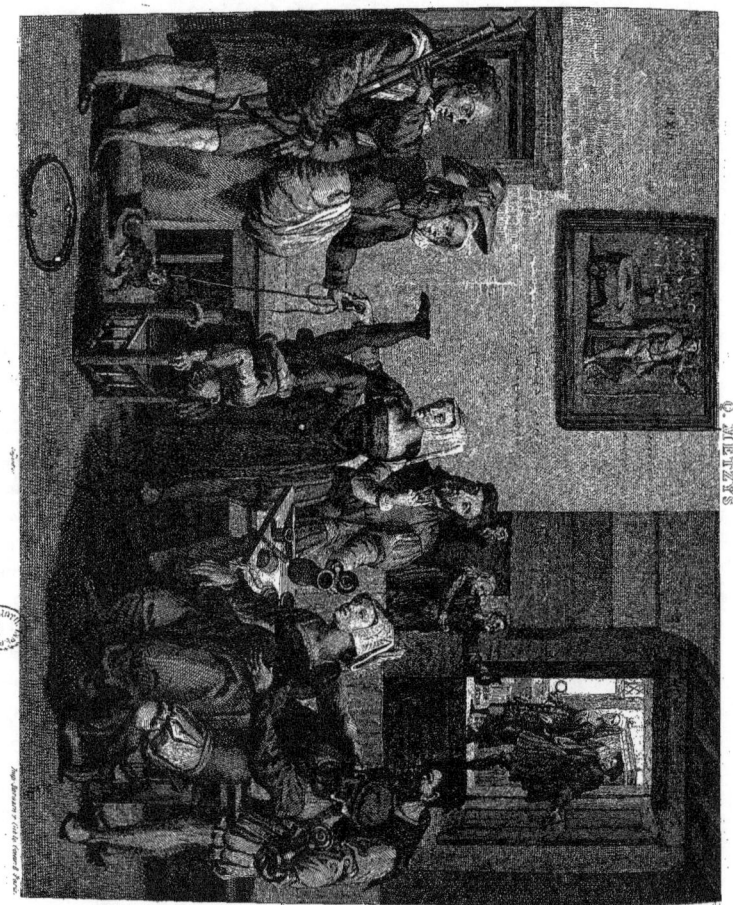

TAVERNE FLAMANDE AU 17ème SIÈCLE.

à Paul Potter. Au dix-septième siècle comme aujourd'hui, les peintres ne voulaient pas admettre que les prés fussent verts; quand le gazon n'était ni roux, ni gris, ni sale, ce n'était qu'un gazon d'écolier. Cependant qui oserait dire que la prairie n'est pas verte dans la patrie de Paul Potter, comme le ciel est bleu dans la patrie de Raphaël?

Ce qui distingue Paul Potter à un si haut degré dans ses animaux, c'est qu'il est en même temps énergique et naïf; il saisit le mouvement de la bête et son expression avec une candeur sans égale. Il prouve victorieusement que les bêtes ont une âme, un esprit, une pensée. Ses animaux vous parlent par leurs yeux, par leurs mouvements, par leurs attitudes. « En les fixant longtemps, disait Vernet, on croit respirer la saine odeur qu'ils exhalent. »

Le caractère de Berghem, c'est la liberté de touche, la variété, l'intelligence de la lumière et des ombres. Comme Ruysdael, il a eu trois manières. La première, qui rappelle Weeninx, était peu étudiée, jaune et roussâtre. Il n'atteignait alors qu'à une certaine vérité de convention qui n'avait ni style ni naïveté. Dans sa seconde manière, il se rapprocha de la nature. Ce fut alors qu'il imita un peu Jean Both, Ruysdael, Zacht-Leeven, Jean Meel. C'est dans cette seconde manière qu'il faut chercher ce maître pour le trouver avec toute sa force, avec sa touche large et pétillante, avec son amour du fini, avec son accent poétique et pittoresque. Dans sa troisième manière, on voit que sa facilité l'a perdu. On ne le retrouve plus vivant et ferme; sa couleur a pris des tons briquetés; son feuillé n'est plus soulevé par le vent; on ne respire plus dans ses gorges désertes; on ne se mouille plus les pieds en traversant son gué.

Jacques Ruysdael avait connu Berghem à l'école des enfants : il alla le voir un jour et le surprit à l'œuvre devant un paysage. Rien qu'en voyant peindre son camarade, quoique à peine âgé de douze ans, Ruysdael sentit qu'il était né pour faire la même chose. Berghem ayant déposé sa palette pour deviser plus librement avec lui ou même pour jouer un peu, Ruysdael saisit un pinceau et barbouilla le ciel de Berghem avec une audace qui étonna son ami. On ne donne pas de maître à Ruysdael. Sans doute, Berghem lui fut d'un grand secours, car c'était un homme d'esprit, un artiste savant, ayant possédé de bonne heure toutes les ressources du métier, sans jamais permettre au métier d'envahir l'Art. La Nature surtout fut le maître de Ruysdael. Il étudiait en plein vent, par le soleil ou par la pluie, courant les prairies et les bois. La Nature n'avait pas de secret pour lui; il l'étudiait avec amour. On l'a surpris, comme plus tard notre La Fontaine, rêvant du matin au soir sous le même arbre, émerveillé des richesses semées à ses pieds, ne voyant pas seulement l'œuvre de Dieu, sentant que Dieu lui-même était dans son œuvre.

Ceux qui ne reconnaissent pas de prime abord un paysage de Ruysdael n'entendront jamais rien à la poésie de l'Art et de la Nature. Il a fait des paysages d'*impressions;* il a su fixer un sentiment dans un rayon qui passait, dans un coup de vent, dans une ombre fugitive. Pas une de ses pages où ne se retrouve cette âme mélancolique, sauvage même, qui n'a confié qu'aux arbres émus et aux chutes d'eau ses profondes rêveries. On aime Ruysdael; on peut être séduit par Berghem, émerveillé par Paul Potter; mais on revient à Ruysdael avec une passion sérieuse : les autres vous prennent par les yeux, lui vous prend par le cœur.

Berghem arrangeait la Nature; Ruysdael la reproduisait fidèlement, mais il attendait l'heure poétique; Potter seul copiait avec une pieuse exactitude, quelle que fût l'heure. Berghem, homme d'imagination et de fantaisie, considérait un peu la Nature comme un théâtre pour ses créations : aussi dans ses paysages la figure domine la Nature, la figure vous frappe de prime abord; il y a presque toujours un tableau de genre sur le premier plan, une scène d'ailleurs en harmonie avec le paysage : ainsi une rencontre de charbonniers, le passage d'un gué, un déjeuner de bûcherons. Ruysdael, plus épris de la Nature, se contente d'en montrer les joies intimes, les accidents, la fécondité, les désastres, les beautés pittoresques; il fait couler la sève, il fait fleurir l'herbe, il agite les arbres, il les casse ou les renverse, il révèle le mystère des bois. Le premier est un conteur charmant, plein d'entrain et de gaieté, dont la verve vous surprend et vous retient au point de départ; le second est un rêveur qui vous entraîne dans les mélancolies de la solitude, au fond des forêts, au bord de l'eau, sur la roche déserte. Paul Potter n'est ni romanesque ni rêveur, c'est un peintre naïf. La Nature, pour lui, n'est pas un théâtre; il ne veut pas y rêver : peintre avant tout, il veut lutter avec la vérité.

Ainsi on voit qu'en même temps, dans le même pays, dominaient les trois caractères du paysage hollandais. Après Paul Potter, Berghem et Ruysdael, après Hobbema qui égale ces trois maîtres, cet art de peindre l'œuvre de Dieu dégénère et expire bientôt. Quelques paysagistes rappellent encore tour à tour ces peintres illustres, jusqu'au jour où Van Huysum réduit l'art hollandais à un coquelicot. Le naturalisme, né dans les fonds verts et bleus de Jean Van Eyck et d'Albert Van Ouwater, va expirer dans un bouquet de Van Huysum.

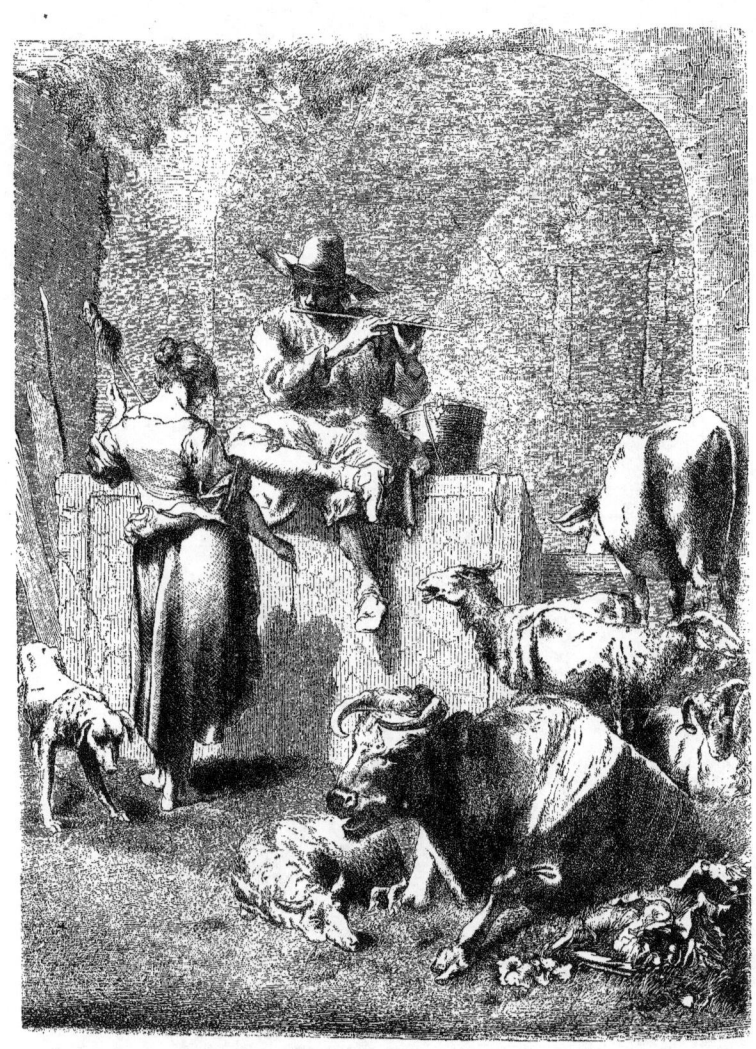

PARIS. TYPOGRAPHIE DE HENRI PLON, IMPRIMEUR DE L'EMPEREUR, RUE GARANCIÈRE, 8.

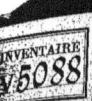

MERVEILLES
DE
L'ART FLAMAND

PAR
ARSÈNE HOUSSAYE

RENFERMANT DIX GRAVURES

TENIERS, RUYSDAEL, BERGHEM, WOUWERMANS, ROBBE,
BRAUWER, VAN DE VELDE

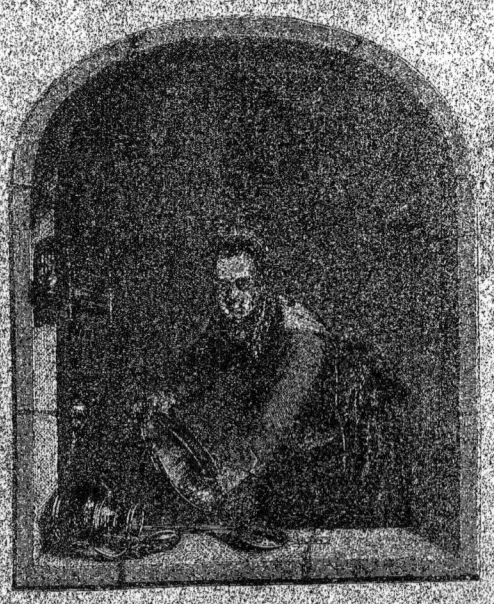

PARIS
LIBRAIRIE DU PETIT JOURNAL
21, Boulevard Montmartre, & Rue Richelieu, 112

MERVEILLES
DE
L'ART FLAMAND

PAR

ARSÈNE HOUSSAYE
Inspecteur général des Beaux-Arts

RENFERMANT DIX GRAVURES

D'APRÈS

TENIERS, RUYSDAEL, BERGHEM, WOUWERMANS, HOBBEMA

BRAÜWER, OSTADE, ETC.

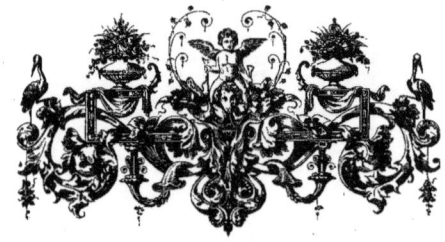

PARIS
LIBRAIRIE DU PETIT JOURNAL
21, Boulevard Montmartre, & Rue Richelieu, 112.

PARIS. TYPOGRAPHIE DE HENRI PLON, IMPRIMEUR DE L'EMPEREUR, RUE GARANCIÈRE, 8.

1867

I

J'ai traversé deux fois le pays de Rembrandt,
Pays de matelots — qui flotte et qui navigue, —
Où le fier Océan gémit contre la digue,
Où le Rhin dispersé n'est plus même un torrent.

La prairie est touffue et l'horizon est grand;
Le Créateur ici fut comme ailleurs prodigue...
— Le lointain uniforme à la fin nous fatigue,
Mais toujours ce pays m'attire et me surprend.

Est-ce l'œuvre de Dieu que j'admire au passage?
Pourquoi me charme-t-il, ce morne paysage
Où mugissent des bœufs agenouillés dans l'eau?

Oh! c'est que je revois la nature féconde
Où Rembrandt et Ruysdael ont créé tout un monde :
A chaque pas ici je rencontre un tableau.

II

Je retrouve là-bas le taureau qui rumine
Dans le pré de Paul Potter, à l'ombre du moulin;
— La blonde paysanne allant cueillir le lin,
Vers le gué de Berghem, les pieds nus, s'achemine.

Dans le bois de Ruysdael qu'un rayon illumine
La belle chute d'eau! Le soleil au déclin
Sourit à la taverne où chaque verre est plein,
— Taverne de Brauwer que l'ivresse enlumine.

Je vois à la fenêtre un Gérard Dow nageant
Dans l'air; — plus loin Jordaens : — les florissantes filles!
Saluons ce Rembrandt si beau dans ses guenilles!

Oui, je te connaissais, Hollande au front d'argent;
Au Louvre est ta prairie avec ta créature;
Mais dans ces deux aspects où donc est la nature?

III

Le grand peintre est un dieu qui tient le feu sacré;
Sous sa puissante main la nature respire;
Ne l'entendez-vous pas, sa forêt qui soupire?
Ne la sentez-vous pas, la fraîcheur de son pré?

Comme aux bords du canal, sous ce ciel empourpré,
La vache aux larges flancs parcourt bien son empire!
Dans cet intérieur comme Ostade s'inspire!
Gai tableau qui s'anime et qui parle à son gré.

Pays doux et naïf dont mon âme est ravie,
Oui, tes enfants t'ont fait une seconde vie,
Leur souvenir fleurit la route où nous passons.

Oui, grâce à leurs chefs-d'œuvre, orgueil des galeries,
La poésie est là qui chante en tes prairies,
Comme un soleil d'été sourit à nos moissons.

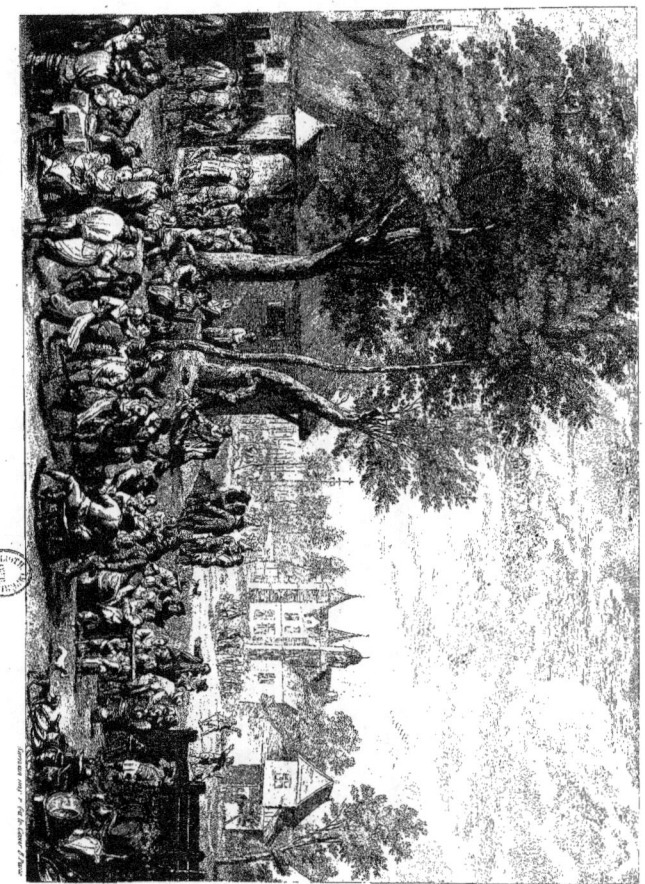

LA KERMESSE. DAVID TENIERS.

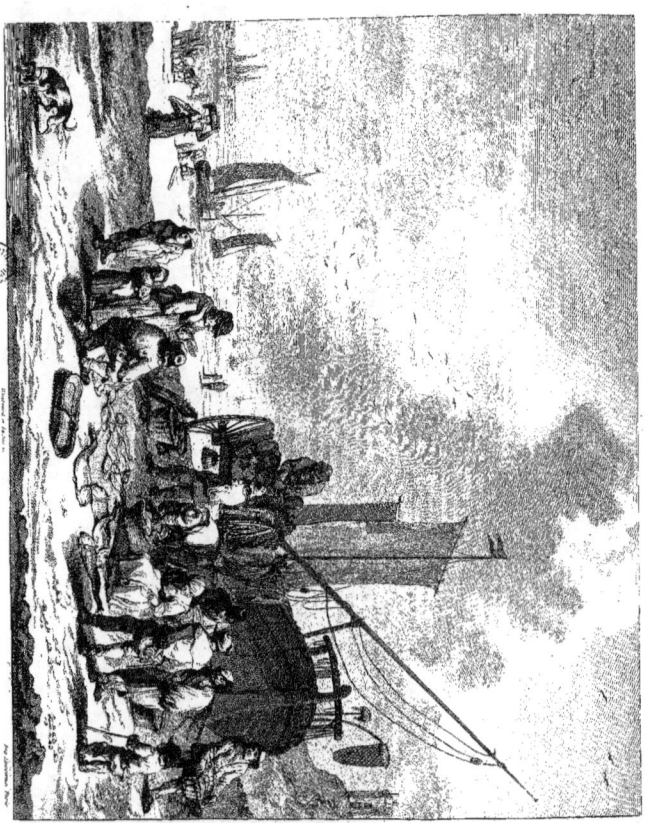

LES MARCHANDS DE POISSONS DE SCHEVELING.
ISAAC VAN OSTADE

MERVEILLES
DE
L'ART FLAMAND.

I

CARACTÈRES DE L'ART FLAMAND.

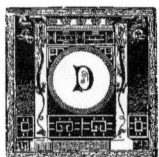evant les buveurs de Teniers, Louis XIV disait : « Otez-moi ces magots! » Le peintre aurait pu dire au Roi-Soleil : « Otez-moi cette perruque. »

Le mot de Louis XIV ne prouve rien contre Louis XIV ni contre Teniers. Le roi solennel, qui n'avait jamais vu que ses courtisans, longue perruque, habits brodés, fines dentelles, ne pouvait croire qu'il y eût quelque part, en Flandre ou ailleurs, des figures humaines pareilles à celles que peignait Teniers. Il avait fait la conquête de la Flandre, mais comme un olympien qui ne descend pas des nues : *sa grandeur l'attachait au rivage.* D'ailleurs Louis XIV, roi théâtral s'il en fut, n'aimait que l'art d'apparat; Lebrun était son peintre, le cavalier Bernin son sculpteur.

Il n'y a pas de « magots » dans l'Art : Teniers a raison dans son cabaret d'Anvers comme Raphaël dans son Vatican. C'est la force de l'Art de descendre des plus hauts sommets sans jamais s'encanailler, parce que l'Art, qui est l'interprétation de la Nature, représente la vie et la pensée sous toutes leurs faces. Le philosophe, même s'il a parcouru les sphères transcendantes de Platon, saluera l'œuvre de Dieu dans une kermesse de Teniers comme dans les Apôtres de Léonard de Vinci.

Tout amateur de tableaux a ses sympathies : les misanthropes se complaisent devant les martyrs de Zurbaran ou devant *le Jugement dernier* de Michel-Ange; les amoureux vont aux pages romanesques de Giorgione, de Titien, de l'Albane, de Watteau; les mélancoliques s'abîment dans les cascades de Ruysdael et se perdent sous les ramées d'Hobbema; les penseurs étudient le *Cénacle* de Léonard de Vinci, *l'Ecole d'Athènes* de Raphaël, *la Leçon d'anatomie* de Rembrandt, *l'Arcadie* de Poussin; les voluptueux recherchent les poétiques figures de Corrége, de Lesueur, de Prud'hon, de Lawrence; les uns aiment les Italiens, les autres les Espagnols, ceux-ci les Allemands, ceux-là les Français, mais tout le monde aime les Flamands.

C'est que tout le monde a le sentiment de la nature pittoresque, de la nature qui parle et qui vit. Pour comprendre les sublimités des dieux de la peinture, il faut avoir vécu longtemps dans leur intimité; pour comprendre l'esprit de Teniers, de Brauwer, d'Ostade, la poésie de Ruysdael, d'Hobbema et de Berghem, il ne faut que regarder l'œuvre de ces peintres charmants.

Par exemple, il ne faut pas être docteur ès lettres pour s'amuser toute une heure devant cette *Fête de village* de David Teniers, un chef-d'œuvre de composition et de lumière. Voilà qui n'est pas écrit en hébreu, voilà qui est à la portée de toutes les intelligences, les plus hautes comme les plus humbles.

Et ce que je dis de Teniers, je le dis de Van Ostade, je le dis de Ruysdael, je le dis de tous les autres. Chacun de ces peintres familiers, de ces conteurs du cabaret et du coin du feu, de ces poëtes du gué et du buisson, traduit à son tour plus ou moins gaiement, plus ou moins poétiquement, le poëme de la vie et de la nature.

Je ne ferai point ici une histoire des peintres flamands et hollandais. Je me contenterai d'évoquer ces physionomies originales qui s'accentuent chaque jour de plus en plus dans l'art consacré. Nous les saluerons au passage, ces vaillants artistes qui ont forcé le soleil de luire dans leurs tableaux, sinon dans leur pays, et qui ont à jamais donné au sol natal cette vie idéale sans laquelle la nature la plus féconde n'a pas le pouvoir de faire une nation. Oui, grâce à Rubens et à Rembrandt, à Van Dyck et à Ruysdael, la Belgique et la Hollande ont eu leur siècle de Périclès, de Léon X et de Louis XIV. Aussi on dit aujourd'hui le pays de Rubens et le pays de Rembrandt, deux royautés impérissables sur les royautés tombées en poussière. Ceux qui gouvernent les hommes n'ont qu'un temps, s'ils ne s'appellent pas Alexandre, César, Charlemagne et Napoléon. Ceux qui commentent l'œuvre de Dieu vont jusqu'aux dernières limites de l'infini, qui n'a pas de limites. Que de rois oubliés entre Homère et Lamartine, entre Zeuxis et Prud'hon!

L'école flamande à son début, comme l'école hollandaise dans toute sa carrière, semble ne devoir son caractère qu'à la séve du pays. Elle se montrera d'abord avec quelques réminiscences byzantines, mais plutôt dans les fonds d'or de ses cadres que dans les figures qu'elle anime. Dès le premier âge, elle abandonne la tradition. La peinture puise dans le sol de la patrie tout le lait qui va jaillir de ses fécondes mamelles. De Van Eyck à Rubens, de Rubens à Rembrandt, que de fois les peintres des Pays-Bas ont, sans y songer, représenté cette peinture puissante et libre sous la figure d'une de ces florissantes paysannes du pays d'Anvers ou du pays de Leyde, non pas belles de l'immortelle beauté que soutiennent les anges sur un trépied d'or, mais belles de la beauté humaine et périssable, belles par la grâce que donne la force, par l'éclat que donne la santé!

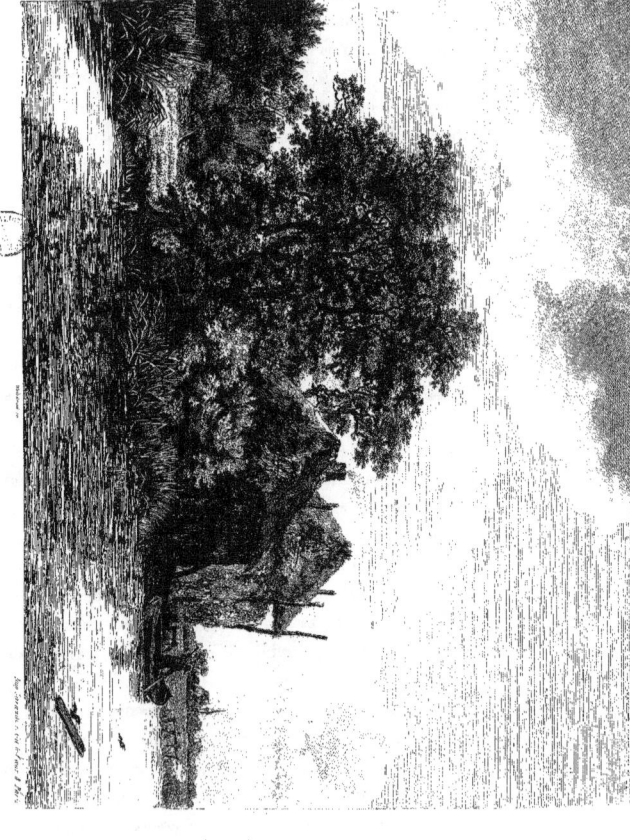

RUYSDAEL.

LA CHAUMIÈRE SUR L'EAU.

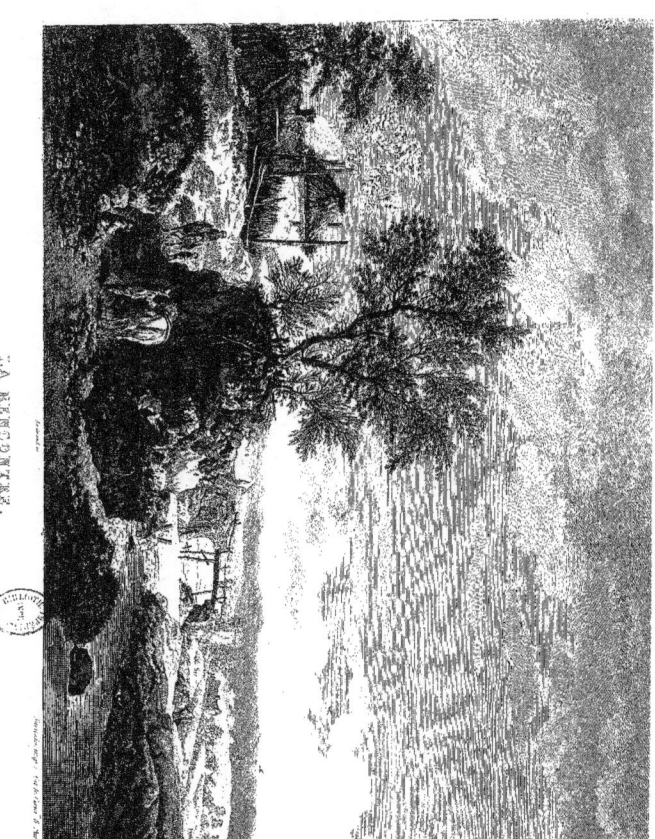

"A RENCONTRE."

WOODMANS

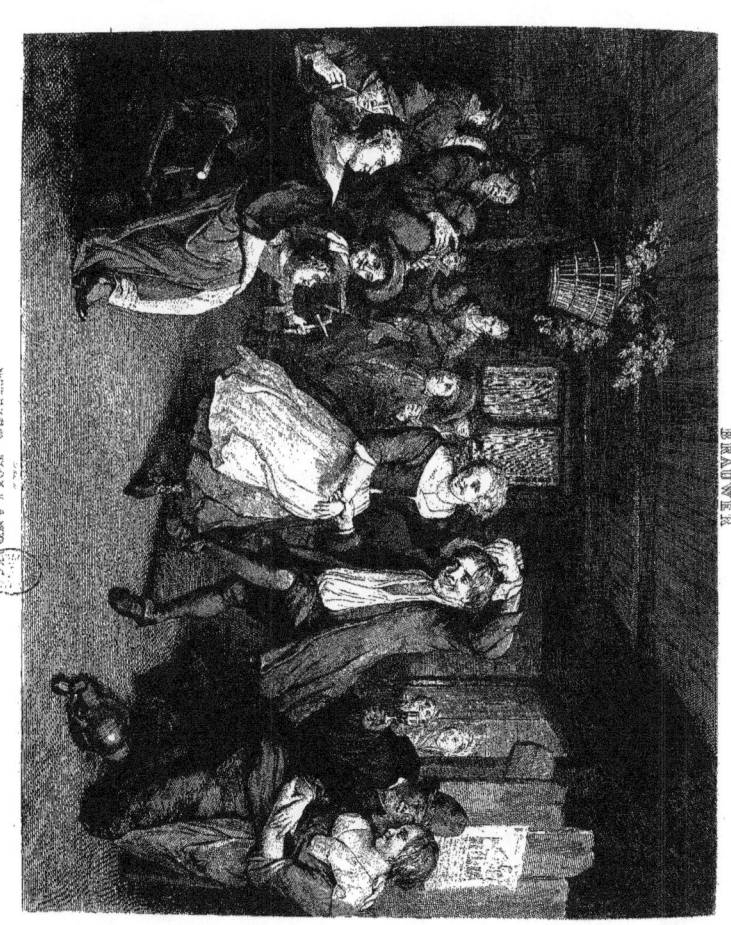

BRAUWER.

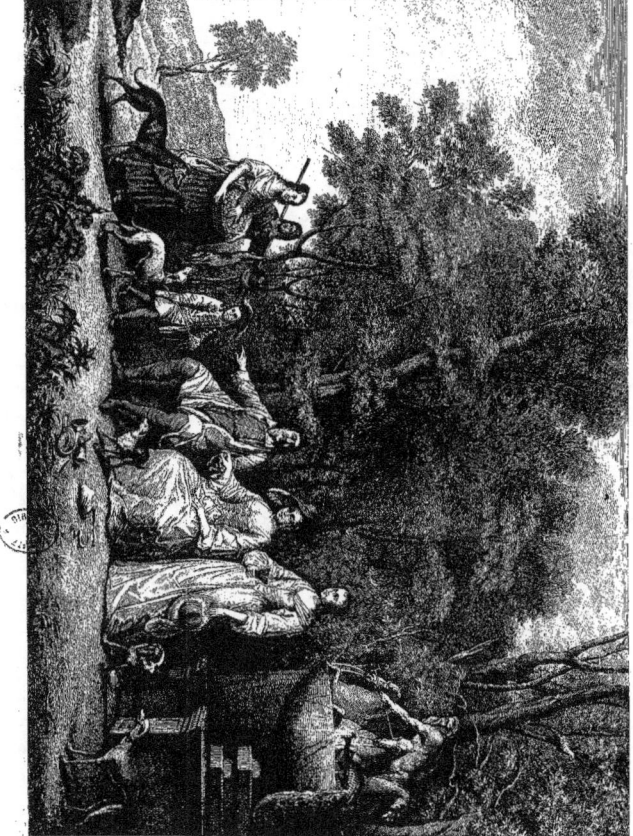

LE RETOUR DE LA CHASSE.

CORNILLE TROOST

Les premiers entre tous les peintres de l'ère moderne, les Flamands et les Hollandais ont eu l'œil simple dont parle Lavater, le grand physionomiste : « OEil simple, qui vois les objets tels qu'ils sont, à qui rien n'échappe et qui n'y ajoutes rien, combien je t'aime! Tu es la sagesse même. » Tout en s'éloignant du ciel par la pensée, on peut dire qu'ils se sont rapprochés de Dieu par l'OEIL SIMPLE; ils ont reproduit la Nature, l'œuvre du divin Maître, avec une fervente et pieuse fidélité.

Les Flandres n'ont pas eu seulement des paysagistes pour leur littérature nationale. Quel historien et quel théologien que Jean Van Eyck! Avons-nous de plus aimables romanciers que Terburg, Ostade, Metzu, Teniers? Quel philosophe profond, quel mystérieux penseur que Rembrandt! Quel rêveur que Breughel de Velours, avec ses paradis bleuâtres! Quel fantaisiste que Breughel d'Enfer, avec ses créations si sombres dans leur folie! Quel poète épique Anvers avait dans Rubens! Quel historien dans Van Dyck! Quel poëte comique dans Brauwer! Mais chaque ville des Flandres était une capitale pour le génie.

Déjà, à l'école des Van Eyck, l'Art est amoureux de l'œuvre de Dieu. Ce n'est plus seulement pour les chrétiens agenouillés dans l'ombre des sanctuaires qu'il va représenter les pages sublimes de l'Évangile, c'est aussi pour la joie des yeux, les yeux qui sont panthéistes, même quand l'âme est chrétienne. Il demande à la couleur tout ce qu'elle peut donner de vie et d'éclat. Comme aux temps antiques, le sculpteur s'est épris de sa statue; il ne se contente pas de la faire vivre de la vie idéale, il veut lui donner la vie qui agite son cœur. L'Art est descendu un peu des hauteurs de l'Idéal, mais il s'est presque relevé par la Vérité. Tout en demeurant religieux, le regard levé au ciel, il sent qu'il est bien de ce monde. Dans ses fonds d'or, Wilhelm avait détaché les célestes figures de tout souvenir terrestre; Jean Van Eyck place Dieu sur la terre. Dans les tableaux que peignait Wilhelm avec l'accent byzantin dans le cadre en ogive, le Dieu des chrétiens ne descendait pas de son trône d'azur; dans les tableaux de Van Eyck, Dieu conserve toute sa sereine majesté, mais déjà près de lui on voit poindre la Nature : là-bas le coteau verdoie, les arbres s'élèvent, timides encore, mais tout à l'heure ils cacheront le ciel. Dans Dieu lui-même on voit percer l'homme. Les vieux maîtres flamands se sont trop rappelé ces paroles bibliques : « Dieu créa l'homme à son image. » Or, chez eux, l'homme cachera bientôt Dieu comme les arbres du paysage cachent déjà le ciel. La vie matérielle éclatera sur la vie immatérielle, les fraîches couleurs de la santé vont éteindre les rayonnements de l'âme. C'est l'éternelle histoire dont Pan ferme d'une main la première page, qui est Dieu, quand de l'autre il ouvre la dernière, qui est la Nature.

Les Van Eyck ramènent donc l'Art à un accent plus humain que céleste. L'idéal, qu'ils ont vu de trop loin, ils le tempèrent par le réel; ils ne suivent pas l'exemple des anciens, qui prenaient la grandeur, la beauté, la grâce dans le monde universel. Ils représentent un sentiment par une seule figure. En vain Hemling qui souffrit, Hemling dont l'âme put s'élever plus haut par la douleur, ranima le style allemand : il ne fit pas école. Il dépassa les maîtres de Cologne par l'austérité de la touche et l'élévation du sentiment; mais, malgré l'exemple donné par cet homme de génie, la peinture flamande ne voulut pas subir le joug adorable de la grâce immatérielle. Le Dieu de Hemling nous saisit et nous transporte. C'est le Dieu de ceux qui ont aimé, de ceux qui ont souffert. Mais, Hemling mort, c'est l'école des Van Eyck qui triomphe encore. Plus tard, sous Rubens, Van Dyck, Rembrandt, c'est l'homme qui domine, mais l'homme doué de toute l'intelligence divine et humaine, c'est l'œuvre de Dieu après Dieu. Plus tard encore, comme l'Art, entraîné par le Naturalisme, tend toujours à descendre, il ne représente plus que l'homme des mœurs privées, celui qui va boire au cabaret ou qui fume au coin de son feu. Voilà Hals, Brauwer, Metzu, Ostade, Teniers, Terburg, Steen, qui peignent la créature humaine dans toute sa vérité naïve, se contentant d'imiter et ne songeant pas à interpréter. Maintenant c'est la Nature qui va régner en souveraine maîtresse. La voyez-vous qui palpite sous les mains de Paul Potter et de Ruysdael? L'homme lui-même va disparaître. Dès les premiers jours de l'école flamande, la Nature s'était montrée timide et recueillie, mais attrayante déjà. Après avoir fleuri sous les mains patientes et amoureuses de Jean Van Eyck, Breughel, Everdingen, Paul Potter, Berghem, Ruysdael, Hobbema, comme elle s'est épuisée à toutes ces richesses, elle n'a plus rien à donner, ou plutôt nul d'entre ses enfants ne trouve la force de se suspendre à ses mamelles toujours fécondes. Qui oserait traduire encore ces poëmes et ces églogues, après tant de chefs-d'œuvre immortels? Cependant, comme les paysagistes ont voulu peindre la Nature dans ses effets, dans ses contrastes, dans ses aspects variés, ils ont négligé quelque détail qui pourrait tenter le génie à ses derniers jours. Van Huysum va venir, qui mettra la Nature dans un vase de fleurs. C'est encore la Nature, mais à sa dernière expression. Ici gît l'Art flamand et hollandais.

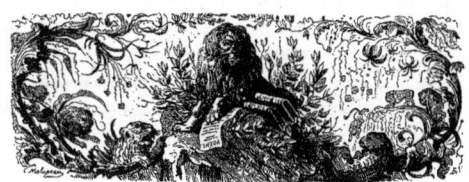

II.

LES PEINTRES DE CABARETS ET DE KERMESSES.

N pourrait réunir dans la même étude tous les artistes flamands et hollandais, peintres de petits tableaux, qui appartiennent aux deux écoles, comme Teniers et Brauwer. Il y a là toute une pléiade d'artistes aux franches allures, toujours gais et vifs, qui courent le cabaret et la kermesse; on leur pardonne volontiers de s'attarder jusqu'au matin dans les tavernes, car ils en sortent si bravement, le chapeau de travers et l'épée en ferrailleurs!

Ainsi nous quittons les gentilshommes de la peinture, les grands seigneurs d'Anvers, comme Rubens, Breughel, Van Dyck, pour les plébéiens de l'art, comme Hals, les Ostade, Brauwer; du cabinet royal de Rubens montons au grenier de Hals : il n'y a que la distance du génie au génie.

« Je ne connais, disait Van Dyck, aucun peintre au monde plus maître de son pinceau que Franz Hals. » Van Dyck ajoutait même que le maître d'Ostade aurait été le premier peintre de portraits s'il avait pu adoucir ses couleurs.

Hals, même dans les fumées du vin, n'oubliait pas qu'il était artiste et qu'il devait laisser un nom. « Je peins, disait-il, pour le nom de Hals. Le maître, et j'en suis un, doit cacher le travail servile du manœuvre avec les ressources de l'artiste. Il faut de l'exactitude dans les portraits, mais l'exactitude de l'art. » Un philosophe n'eût pas mieux dit du haut de sa tribune que Hals dans le fond du cabaret, car toute son école allait au cabaret.

Le cabaret d'ailleurs n'était pas autrefois ce qu'il est aujourd'hui; les grands seigneurs y soupaient gaiement en folle compagnie. Dans celui des Flandres, on respirait une certaine poésie pittoresque, on avait de l'esprit sans le savoir. C'était le temps des mœurs grossières, mais naïves et curieuses : quiconque alors n'allait pas au cabaret n'avait pas de philosophie. Hals en avait un peu trop. Il mourut pauvre, à près de quatre-vingts ans, laissant trois ou quatre fils, peintres, musiciens et ivrognes, bohémiens dans l'Art comme dans la vie. Ses élèves dignes de lui sont Brauwer et Ostade.

Brauwer a vécu comme son maître, avec plus de génie et plus de passion; aussi mourut-il à trente-deux ans. La débauche n'avait saisi Hals que dans l'âge mûr; elle étreignit Brauwer à quinze ans. Celui-là fut un grand peintre, non pas de la famille de Léonard et de Raphaël, mais de la famille de Véronèse et de Rembrandt.

Il y a dans ses petits tableaux toute la puissance qui éclate fastueusement sur les grandes toiles vénitiennes. Sa poésie est en guenilles, mais quelles guenilles! Rembrandt les a baisées religieusement.

Sa vie aventureuse est toute une odyssée; c'est un roman, c'est un poëme, le poëme de l'homme de génie qui meurt à l'hôpital, cet autre Panthéon. Arrêtons-nous au premier chapitre du roman, et indiquons à peu près le sommaire des autres chapitres.

Brauwer passa sans transition du grenier au cabaret. Henry Van Soomeren, peintre dans sa jeunesse, était devenu aubergiste; Brauwer entra chez lui par hasard. Entre deux bouteilles, il se mit à peindre une querelle de soldats et de paysans. Soomeren reconnut le peintre dont Hals vendait si bien les tableaux. Cette œuvre, faite comme en jouant, lui fut aussitôt payée cent ducatons, à lui le peintre de tableaux à quatre sous. Il s'imaginait rêver. « Il répandit l'argent sur son lit et se roula dessus. » Après quoi il sortit en silence, ayant en mains les cent ducatons. Au bout de trois jours, il revint sans un sou, dépouillé par les filles et par les cabaretiers. Il vécut ainsi à Amsterdam durant quelques années. A la fin, criblé de dettes, il partit de cette ville pour en aller faire ailleurs. Il se mit en route pour Anvers. Ce fut dans ce voyage qu'il rencontra David Teniers, à peine adolescent, qui allait d'Anvers à Amsterdam, en compagnie d'un âne, pour y vendre les tableaux de son père. A son arrivée à Anvers, il fut arrêté comme espion et jeté dans la citadelle avec les prisonniers de guerre. Parmi les prisonniers était le duc d'Aremberg. « Qui êtes-vous? lui demanda le duc en le voyant pleurer. — Donnez-moi une palette et des pinceaux, » répondit le peintre. Le duc envoya chez Rubens; une heure après, Brauwer avait le pinceau à la main. Par la lucarne de son cachot, il voyait des soldats espagnols jouer aux dés dans la cour. Il esquissa cette scène avec beaucoup de verve, selon sa coutume. Le duc d'Aremberg ne savait comment juger l'œuvre, quand Rubens survint. « Sur mon âme! ce tableau est de Brauwer, s'écria-t-il; lui seul peut peindre de tels sujets avec autant de force et de beauté. » Le duc demanda à Rubens combien il estimait ce tableau; le grand maître répondit qu'il en offrait trois cents rycksdaelders (à peu près six cents florins). Le duc voulut le garder, autant pour la singularité de l'aventure que pour la beauté de l'œuvre. Rubens descendit à la hâte au cachot de Brauwer et l'embrassa avec des larmes de joie et de compassion; il obtint sa liberté et l'emmena en son palais, lui déclarant qu'il y trouverait toujours une fraternelle hospitalité.

Brauwer retrouva le jeune David Teniers à l'atelier de Rubens; il lui donna des leçons et le détourna des grandes pages. Peu s'en fallut que tout l'atelier ne suivît la manière de Brauwer, tant il était éloquent avec la poésie du cabaret. Mais ce nouveau venu qui allait faire une révolution disparut tout à coup. Brauwer ne se trouvait guère

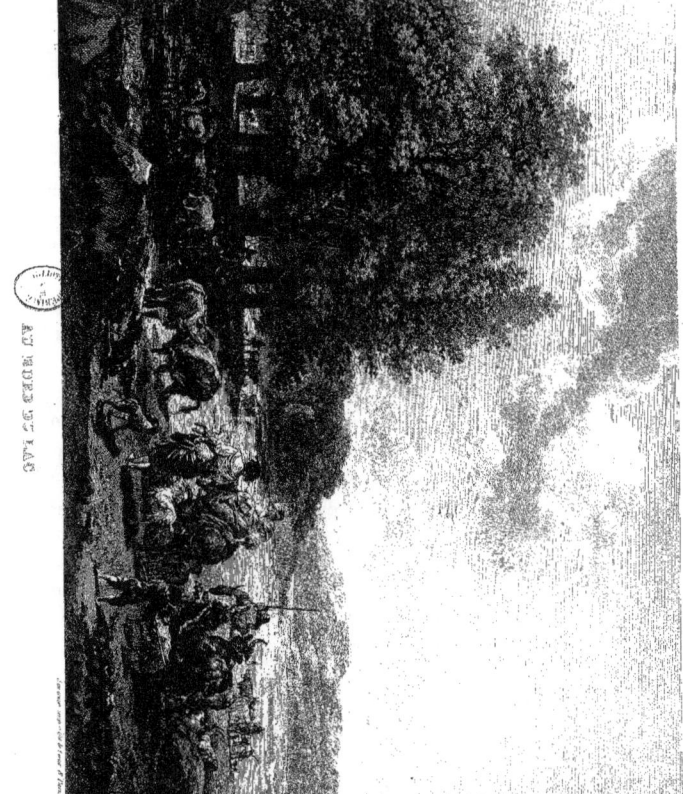

AT MURSELAS. SKAGHEH.

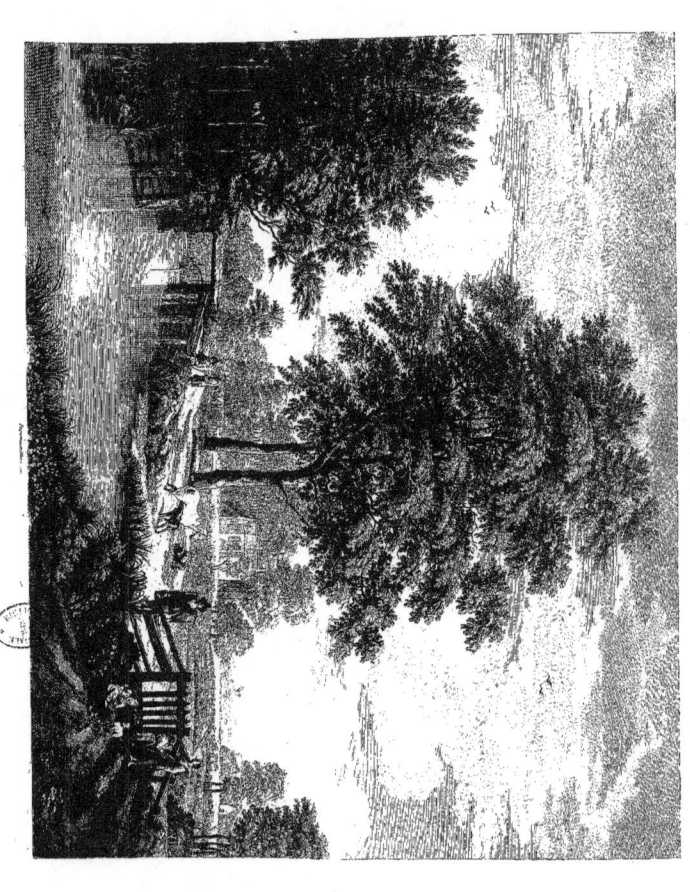

LE PONT RUSTIQUE.

mieux dans le palais de Rubens que dans le grenier de Hals : ce n'était ni un palais ni un grenier qu'il fallait à cet artiste de hasard, tour à tour naïf et gai comme un enfant ou courbé sous la débauche. Les belles manières de Rubens, son langage étudié et sévère, toute sa cour de grands seigneurs, tous ses disciples vêtus de velours et de dentelles, effrayaient l'habitué des tavernes. Il quitta Rubens pour chercher, selon sa coutume, fortune en plein vent. Il rencontra au cabaret un original qui buvait gaiement et contait avec verve. C'était le fameux boulanger Joseph Van Craesbeke, qui devint peintre en voyant peindre Brauwer. Ils burent ensemble. Craesbeke s'émerveilla du talent de Brauwer; il l'attira chez lui et le nourrit. Cette fois c'était l'élève qui donnait l'hospitalité. Craesbeke fut trop hospitalier, car sa femme était jolie et Brauwer était galant. Le scandale devint si éclatant, que la justice ordonna à Brauwer de quitter la ville. Cette fois, il partit pour Paris.

A Paris comme à Harlem, comme à Amsterdam, comme à Anvers, il eut du génie au cabaret, en compagnie des enfants prodigues et des filles de joie. Il sentit bientôt que c'en était fait de lui : il voulut revoir Anvers, il y retourna, mais il eut à peine le temps de descendre à l'hôpital pour ne pas mourir dans la rue. Il expira deux jours après, sans un ami pour lui parler de la terre où son génie était aimé, pour lui parler du ciel, la patrie des grands cœurs. Son corps fut jeté dans la fosse commune; mais Rubens, toujours hospitalier, le fit déterrer, et donna une tombe dans l'église des Carmes à celui qu'il voulait loger dans son palais.

Nul n'a saisi la vérité pittoresque avec plus de franchise et d'esprit que Brauwer; nul, dans un pareil espace, n'a plus pompeusement répandu la lumière. Celui-là n'était pas un miniaturiste patient comme tant de ses compatriotes trop vantés : sa touche était large, pleine de vie et d'effet. Ses paysans ivres, ses rustres endimanchés, ses chirurgiens à l'œuvre, ses joueurs en colère, ses libertins en gaieté, sont de petites merveilles qu'il faut admirer comme les créations d'un des talents les plus robustes qui aient régné dans les Flandres.

Craesbeke n'est guère que la grimace de Brauwer; il n'a ni sa richesse de ton, ni sa fierté de touche, ni sa finesse d'expression. Cependant il y aurait de l'injustice à nier l'entrain, le tour facile, la touche solide de cet autre peintre de hasard. Brauwer était l'Homère du cabaret, Craesbeke n'en était que le Diogène. Rien qu'à le voir, d'ailleurs, on jugeait que l'élève n'était que le bouffon du maître. Brauwer avait une belle tête fière et dédaigneuse, ennoblie par l'orgueil du talent. Il s'habillait avec faste et tranchait du grand seigneur; en franchissant le seuil des tavernes, il retroussait ses moustaches en raffiné et se faisait verser à boire avec insolence. Craesbeke était un ivrogne trivial, portant mal une tête vulgaire que nulle grande pensée, que nul beau sentiment n'avait illuminée.

Adrien Van Ostade fut tout à la fois élève de Franz Hals, son maître reconnu, et de Brauwer, son condisciple. Il imita l'un et l'autre. Plus tard, émerveillé des petits tableaux de David Teniers, il se laissa séduire à cette autre manière non moins curieuse, mais, sur le conseil de Brauwer, qui n'aimait pas les copistes, il suivit enfin la route où sa nature l'entraînait. Tout en peignant les mêmes sujets que Teniers et Brauwer, il a son cachet bien distinct, soit par l'effet lumineux, soit par les ajustements, soit par le coloris, soit par l'expression. Ce n'est ni le même soleil, ni le même pays, ni les mêmes hommes. Il est plus grotesque et n'a pas moins d'esprit. Teniers est plus logique et compose mieux, Ostade est plus vigoureux et plus fini. Son dessin n'est pas choisi; mais quelle légèreté de touche, quelle transparence, quelle chaleur de ton! Comme il séduit l'œil et détourne l'esprit de critique dans ces intérieurs agrestes dont la fenêtre est si poétiquement égayée par le soleil et les herbes grimpantes! Quel génie pour le détail et pour l'ordre! Dans ses intérieurs, on a tout sous la main; on passe, sans déranger personne, autour de la ménagère et des enfants. Il semble que ses tableaux soient peints en émail; tout y est clair, tout y est en relief. Ostade était varié dans ses créations; il a peint tour à tour des ménagères et des fumeurs, des matelots et des ivrognes, des joueurs de quilles et des joueurs de trictrac, des hivers et des tabagies, des musiciens en plein vent et des philosophes en méditation, des maîtres d'école en fonctions et des amoureux rustiques à mi-chemin de Cythère. Il s'est représenté plusieurs fois peignant au milieu de sa famille. Le joli tableau du Musée du Louvre nous montre ses huit enfants endimanchés pour la postérité. C'était un homme fécond en tous genres. Il gravait comme il peignait. Il a laissé des gravures sans nombre, de beaucoup d'effet et d'esprit. Les historiens ne s'inquiètent pas de sa vie privée; sans doute il fut heureux au milieu de ses tableaux et de ses enfants.

Isaac Van Ostade, élève de son frère, mourut trop jeune. A en juger par les tableaux qu'il a laissés, on peut dire qu'il était digne d'Adrien par le tour naïf, l'accent de vérité et l'esprit pittoresque. Comme son frère, il peignit des grotesques et des paysanneries. Ses haltes de voyageurs à la porte de l'hôtellerie sont peintes avec beaucoup d'entrain et de chaleur de ton.

Adrien Van Ostade est l'idéal du laid, le point suprême. Un peu plus loin, c'est la caricature. Ce qui sauve les bambochades de tous les peintres flamands et hollandais de la même période et du même genre, c'est qu'elles sont plus accentuées que celles de la nature. L'Art a toujours son privilége.

De Van Ostade à David Teniers il n'y a que la distance d'une pipe et d'un broc. C'est la même école.

Dans ses heures de loisir, se rappelant les leçons de son père, Teniers créait en quelques coups de pinceau une scène prise autour de lui dans la nature. Il finit par abandonner tout à fait les grands sujets; il borna son génie, génie flamand avant tout, dans un horizon flamand. Il s'était lassé de voir des saints en extase, des saintes en pénitence; il n'avait jamais rencontré de pareils tableaux sur son chemin. Assez d'autres avaient peint pour la gloire de l'Église catholique, apostolique et romaine; n'était-il pas temps de représenter la créature humaine sous une autre face, dans un caractère plus gai? Puisque la peinture est un miroir, pourquoi ne pas promener ce miroir dans le chemin où l'on passe aussi bien que dans le chemin du rêve? Le tableau de la joie franche et naïve, le tableau de la vie telle qu'elle est, ne doit pas être indigne de l'Art; la poésie en prose est aussi la poésie. Ainsi raisonnait Teniers, et, comme tous les hommes de talent, il avait raison.

Brauwer et Craesbeke avaient pris à Anvers, parmi les mariniers et les buveurs, toutes les physionomies originales; pas un intérieur de cabaret, pas une figure plaisante qu'ils n'eussent peints à diverses reprises. David Teniers voulut aller à la conquête d'un nouveau monde; il ne fit pas grand chemin pour cela. Entre Malines et Anvers, au village de Perck, il y avait un château à vendre, le château des Trois-Tours, vieil édifice gothique digne d'abriter un prince. David Teniers, qui était un haut baron parmi les peintres flamands, acheta hardiment le château, résolu d'y passer sa vie en pleine nature. Le lieu était bien choisi : clocher pointu, prairie, étang, enclos pittoresque, ménétriers, ivrognes, tout ce que Teniers cherchait, il le trouva à Perck et aux villages environnants. Il mena grand train : il eut des laquais et des équipages. Ce qui surprendra sans doute, c'est qu'il étudiait presque toujours les danses et les cabarets par la portière de son carrosse. Il n'imitait point en cela son ami Brauwer, qui buvait et dansait avec ses modèles.

Cependant ce peintre grand seigneur n'étudiait pas toujours en carrosse; dans ses kermesses, nous le voyons quelquefois assis au bout d'une table rustique, entre sa femme et ses enfants, suivant d'un regard pénétrant tous les jeux de physionomie des buveurs éparpillés autour de lui; il lui arrive même de verser à boire à ses modèles, mais d'une main blanche et dédaigneuse, qui contraste singulièrement avec cette action bachique.

Son grand train le ruina deux fois. A sa première ruine, il se contenta de travailler la nuit : il n'en supprima point pour cela un seul cheval ni un seul domestique; il n'en reçut pas moins des excellences de tous les pays, qui se croyaient, au château des Trois-Tours, dans un château royal. Le travail rétablit ses finances. On assure qu'il produisit jusqu'à trois cent cinquante tableaux dans une seule année. Mais à force de produire, il désespéra les chalands, ses œuvres tombèrent de prix; bien des tableaux restèrent suspendus aux lambris dorés de l'atelier. Alors, ne sachant plus comment se tirer d'affaire, on rapporte que Teniers, de complicité avec sa femme et ses enfants, se fit passer pour mort. On éleva un mausolée dans le jardin; Anne Breughel revêtit un habit de deuil; enfin la comédie fut jouée si bien, que le dénoûment prévu arriva. Les tableaux de Teniers quadruplèrent de prix; ce que voyant, Teniers sortit de son atelier et reprit encore son beau train de vie. Mais que faut-il croire de ceci? Teniers, avec ses sentiments religieux, n'eût jamais consenti à jouer ainsi la comédie de la mort. D'ailleurs, Anne Breughel, cette épouse si adorée et si adorable, cette mère si tendre et si pieuse, n'eût jamais voulu profaner les larmes du veuvage.

L'œuvre de Teniers est partout, hormis à Anvers, sa patrie. Qui n'a vu avec un sourire de béatitude ses joueurs de boules, ses joueurs de quilles, ses joueurs de cartes, ses galants endimanchés qui filent le parfait amour entre une pipe et un pot de bière, ses musiciens étourdissants, ses pêcheurs si patients, ses alchimistes si profonds, ses cabaretiers dont la figure est déjà une enseigne, ses guinguettes si joyeuses, ses tabagies si bien enfumées, ses hommes changés en bêtes, ses bêtes changées en hommes tout aussi naturellement, enfin ces paysanneries, ces kermesses, ces fêtes de village où les acteurs jettent si franchement leurs bonnets par-dessus les moulins?

On peut dire que Teniers a peint tout ce qu'il a vu. Pas une figure originale n'a passé vainement sous ses yeux; la Nature elle-même l'a inspiré dans toutes les saisons et sous toutes ses faces. Sa galerie, qui de son aveu tiendrait deux lieues de pays, n'est pourtant pas très-variée; c'est le même tableau étudié à divers points de vue; ainsi, dans ses fêtes, on voit toujours des danseurs éperdus, des buveurs qui se battent et roulent avec les tonneaux vides, un ivrogne qui va en zigzag réfléchir dans un coin, des gourmands attablés, des joueurs de flûte ou des joueurs de violon qui battent la mesure à coups de verres, enfin un groupe de grands seigneurs qui ont l'air d'être au spectacle.

Certains petits tableaux de ce maître, peu connus sans doute, peut-être même dédaignés, me séduisent beaucoup plus que ses buveurs éternels; ainsi, *la Bohémienne en couches*, *le Sabbat*, *la Solitude*, quelques autres encore, me prouvent que Teniers a eu ses jours de mystérieuse poésie. La bohémienne, cette Juive errante qui n'a le plus souvent d'autre abri que le ciel, a été bien comprise par le peintre; elle accouche dans le creux d'une roche, son berceau et sa tombe. Toute sa misère est reproduite avec une vérité qui vous effraye. *Le Sabbat* est une fantaisie à la Callot. *La Solitude* appartient plutôt au génie du peintre : une ruine abandonnée sous un ciel triste; un berger conduit ses moutons dans un ravin, trois solitaires discourent bruyamment sur les bienfaits du silence. Beaucoup de caractères. Mais pourtant la poésie de Teniers est surtout la poésie de la gaieté. Sa philosophie est toujours au cabaret. Un de ses tableaux, qu'il a appelé *l'Ecole flamande*, enseigne, à l'en croire, la vraie science de la vie. Or, cette école a pour maître un franc buveur qui préside ses disciples sur un tonneau en perce. Il tient d'une main un broc, de l'autre il soutient sa pipe; il hume du même coup bière et tabac, tout en regardant passer Margot par la fenêtre. Les disciples sont dignes d'un tel maître; ils apprennent à jouer aux cartes et à apprivoiser la cabaretière : ils n'ont pas d'autre alphabet.

Teniers, qui aimait avant tout le coloris de Titien et de Rubens, prouva à son tour, comme ces maîtres l'avaient prouvé, qu'on peut donner beaucoup d'effet à un tableau sans avoir recours aux grandes oppositions. Dans ses tableaux, le clair-obscur est senti si aisément qu'on dirait qu'il n'y a pas songé. Quelques-unes de ses pêches, de ses chasses, de ses tabagies, où tout est clair, surprennent par leur effet tout simple. C'est là un des caractères des franches palettes.

Le vrai peintre du cabaret, c'est Jean Steen, qui ne peignit jamais qu'entre deux vins. Il étudia sous Brauwer et Van Goyen, le peintre de paysages marins ou aquatiques. Van Goyen lui donna sa fille en mariage. C'était un esprit original, qui, pour son malheur, avait suivi toutes les leçons de Brauwer, celles du cabaret comme celles de l'atelier. A peine marié, craignant de ne pouvoir vivre de son talent, il s'établit dans une brasserie à Delft. Il aurait pu s'y enrichir, mais il acheva de s'y perdre; le peintre n'était que dissipé, le brasseur devint ivrogne. En moins d'un an il était ruiné. Il pouvait tomber plus bas, il y tomba; de brasseur il se fit cabaretier. Quand sa femme lui demandait du pain pour ses enfants, il lui versait à boire. « C'était lui qui buvait le plus de son vin, dit Descamps; quand la cave était vide, il ôtait l'enseigne et s'enfermait chez lui, peignait à force, et, de quelques tableaux qu'il vendait bien, il achetait du vin qu'il buvait encore : tous les cabaretiers n'ont pas cette ressource. » La vie éclate dans ses tableaux. Il peignait habituellement ce qu'il avait sous les yeux : des buveurs ivres; cependant il avait en lui quelques lueurs de poésie élevée. Il a peint des tableaux d'histoire avec assez de noblesse : son dessin a du caractère et du mouvement, sa couleur est vive et charmante, quoique un peu noire. Il s'est représenté lui-même, tantôt mangeant des huîtres en compagnie de sa femme qui lui présente un verre de vin, tantôt présidant une troupe de buveurs. Un des plus curieux est celui où sa femme le prend par les cheveux et le frappe avec une savate; le peintre, habitué à ces tendresses, se défend par un éclat de rire.

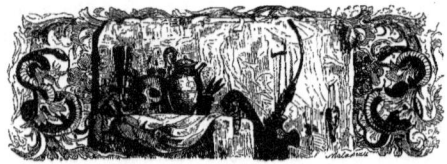

III

LES PEINTRES DE LA VIE PRIVÉE.

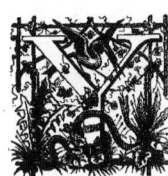 A-T-IL un roman plus intime de la Hollande que l'œuvre de Terburg? Y en a-t-il un plus familier que l'œuvre de Gérard Dow? Terburg n'eut point de maître, mais il est bien de son pays. Il courut l'Italie, la France et l'Espagne, sans changer son goût tout hollandais, empreint de poésie réaliste. Il naquit en 1608 à Zwol, province d'Over-Yssel, d'une famille ancienne, aimant les arts et les artistes. Terburg appartient aux peintres grands seigneurs. Beau, aimant le faste, aventureux, il passa toute sa jeunesse en galantes équipées. A la cour d'Espagne, où il fut créé chevalier, les grandes dames le trouvèrent si charmant, qu'il fut contraint, après plusieurs duels, de fuir en secret, menacé sérieusement par la jalousie des Espagnols. Il débarqua à Londres, où il fut recherché pour ses portraits, quoiqu'il les fît payer comme ceux de Van Dyck. De Londres il vint à Paris, où il acheva de faire sa fortune. A la fin, fatigué de courir le monde, il retourna dans son pays. Il se maria à Deventer à une de ses cousines, qui ne lui donna pas d'enfants. Il devint bourgmestre de la ville et y mourut très-considéré en 1681. Sa dépouille mortelle fut portée à Zwol.

Ses portraits et ses tableaux sont d'un joli effet; il y a répandu un sentiment de distinction qu'on cherche vainement dans les petits peintres du temps. Son dessin est rond et lourd, mais sa touche est si ferme et si large, sa couleur est si belle et si transparente, que le regard tout enivré oublie les fautes du dessinateur. Ses scènes de la vie privée représentent des leçons de musique, des dames qui jouent aux cartes, des cavaliers se pavanant devant des jeunes filles, mille scènes d'intérieur prises dans le beau monde, ou tout au moins dans la bourgeoisie.

Quoique élève de Paul Potter, Jean Le Duc, de La Haye, est plus près de Terburg ou de Zacht-Leeven dans ses cavaliers et ses dames galantes. Malgré beaucoup de succès dans la peinture, il se fit soldat, devint capitaine et ne quitta plus l'épée pour le pinceau. Ç'a été une perte pour l'art familier.

Au commencement du dix-septième siècle, il y avait à Leyde un atelier mystérieux et solitaire où l'on n'était admis qu'après bien des prières; il était plus simple et plus aisé d'avoir une audience du pape que du peintre de cet atelier. Quoique ce fût un homme robuste, aux allures rustiques, il n'entrait lui-même dans son atelier qu'avec respect, avec religion. Il franchissait doucement le seuil, refermait la porte sans secousse et s'avançait à pas de loup sur son escabeau devant l'œuvre ébauchée. Il avait la poussière en effroi. Il demeurait immobile durant quelques secondes, craignant de respirer, regardant vers le rayon de soleil si la poussière ne tamisait pas, inquiété par une mouche étourdie et une araignée échappée aux solives. Quand il avait vu tomber le dernier duvet soulevé par son pied, quand il s'était convaincu que l'air pouvait à peine pénétrer, il ouvrait sa boîte à couleurs, les broyait lui-même et se mettait à l'œuvre. Vous avez reconnu Gérard Dow. Celui-là représente bien deux caractères du génie hollandais : la propreté et la patience.

Gérard Dow étudia dans l'atelier de Rembrandt, qui peignait encore dans sa première manière, avec une grande sollicitude pour le fini. Gérard Dow l'imita pieusement, convaincu qu'il avait pour maître un grand maître. A dix-huit ans, il prit un atelier. Il était déjà renommé pour sa touche courtoise et délicate. Tout le monde voulut d'abord avoir son portrait en petit par le jeune Gérard Dow; mais six mois après, personne ne voulut plus en entendre parler. Il lui fallait cinq jours pour finir une main. Il impatienta les plus patients de la Hollande.

Il se mit à peindre alors toutes ces jolies merveilles qui courent les musées de l'Europe, ces charlatans, ces joueurs de flûte, ces bouquetières, ces joueurs de cartes, ces cuisinières que se disputent avec fureur ceux qui aiment avant tout le génie de la patience. Nous croyons que le génie n'est pas dans la patience. Le génie est né libre et capricieux. Il prend le chemin de l'aigle et non celui des tortues. Nous voyons avec peine Gérard Dow avouer à Bamboche qu'il passait trois jours à peindre un manche à balai. Était-ce bien là le disciple du fier Rembrandt? Hâtons-nous de dire que Gérard Dow conservait son feu sous la cendre amère du travail. C'est un triomphe, c'est comme un miracle; mais l'Art est le dieu des miracles. La couleur de Gérard Dow n'est ni fatiguée ni refroidie dans le travail; elle est vive et harmonieuse. Sa touche a toujours son éternelle fraîcheur; il est merveilleusement fini sans cesser d'être vigoureux.

Gérard Dow, tout bonhomme qu'il se montrât avec ses lunettes et sa patience, ne manquait pas d'une certaine vanité. Ainsi il disait de Miéris : « C'est le prince de mes élèves. » L'élève est au-dessous du maître, mais il a une touche plus libre et plus décidée. On se promène mieux autour de ses personnages, parce que ses plans sont plus vagues. Son dessin est plus spirituel, sa couleur est moins tourmentée; c'est un homme de plus de ressource et d'imagination. On voit dans ses tableaux qu'il vivait dans un monde plus distingué; il y a de la recherche dans son costume, sa femme est habillée de satin, son intérieur étale un certain luxe. Ses scènes domestiques ne sont intéressantes que par la magie de l'art; il représentait habituellement un jeune garçon soufflant des bulles de savon, une jeune femme caressant un chien, un déjeuner de famille, une conversation, une vieille qui lit la gazette, un petit concert, çà et là un tableau d'histoire, comme *Lucrèce* et *Madeleine*. Il a peint des bacchanales qui ne manquent ni d'entrain ni de mouvement, où l'on respire assez bien l'odeur verte du pampre. Son chef-d'œuvre est une jeune femme évanouie avec un médecin et une vieille en pleurs; c'est le digne pendant de la *Femme hydropique* de son maître. Miéris fut payé un ducat par heure durant tout le temps qu'il peignit ce sujet. Le tableau coûta quinze cents florins. Le grand-duc de Florence offrit, en voyant ce chef-d'œuvre, de payer le talent de Miéris deux ducats par heure.

Gabriel Metzu imita et surpassa Gérard Dow, Terburg et Franz Miéris; il vécut solitaire et presque oublié. Il a continué la même galerie de petits tableaux avec une touche plus large. On voit bien par ses œuvres qu'il aurait pu devenir un peintre à grandes figures, un peintre de la famille de Van Dyck et de Rembrandt, témoin son *Portrait de l'amiral Tromp* et sa *Femme adultère* du Musée du Louvre. Nul coloriste ne posséda le don de l'harmonie à un plus haut degré. Il trouvait inutile d'opposer une couleur à une autre pour l'accord de l'effet. Vous avez vu ses femmes habillées d'étoffes rouges entre un fauteuil rouge, devant des rideaux rouges? C'est comme un jeu du peintre; on sent passer l'air entre la femme, le fauteuil et le rideau; chaque ton a sa valeur relative, qui le détache harmonieusement du ton qui le touche. Metzu augmentait par magie les couches de l'air suivant l'espace. Il faut citer parmi ses œuvres quelques tableaux bibliques, comme *l'Enfant prodigue* et *la Femme adultère*, traduits en hollandais; plus souvent il représentait des pages animées de la vie bourgeoise. Il est plus varié et plus fécond en ressources que ses devanciers. Il est même plus vrai, par la raison qu'il a moins cherché les raffinements du vrai.

Gonzalez Coques rappelle Terburg par ses scènes de famille. Il vécut, comme ces deux maîtres, en familiarité avec les rois et les princes. Sa touche était tout à la fois large et précieuse; tout petits qu'ils soient, ses portraits ont toute la fière tournure de ceux des grands portraitistes; et dans ses scènes de famille il a toute la délicatesse de Terburg.

A la même page, on peut placer Peter de Hooge, un vrai peintre de mœurs et de caractères. Il a quelques points de parenté avec Gonzalez Coques; il est comme lui fier et vigoureux; sa touche aussi est large et légère, mais il est moins fin et moins vrai dans le coloris. Quoique élève de Berghem, il appartient bien à la famille des peintres de la vie privée. Il représentait des conversations, des corps de garde, des joueurs de cartes, des déjeuners galants. Il est né et il est mort sans que nul historien se soit inquiété du lieu de son berceau ni de sa tombe.

Il faut nommer après lui Corneille Troost, esprit distingué, plein de verve et de

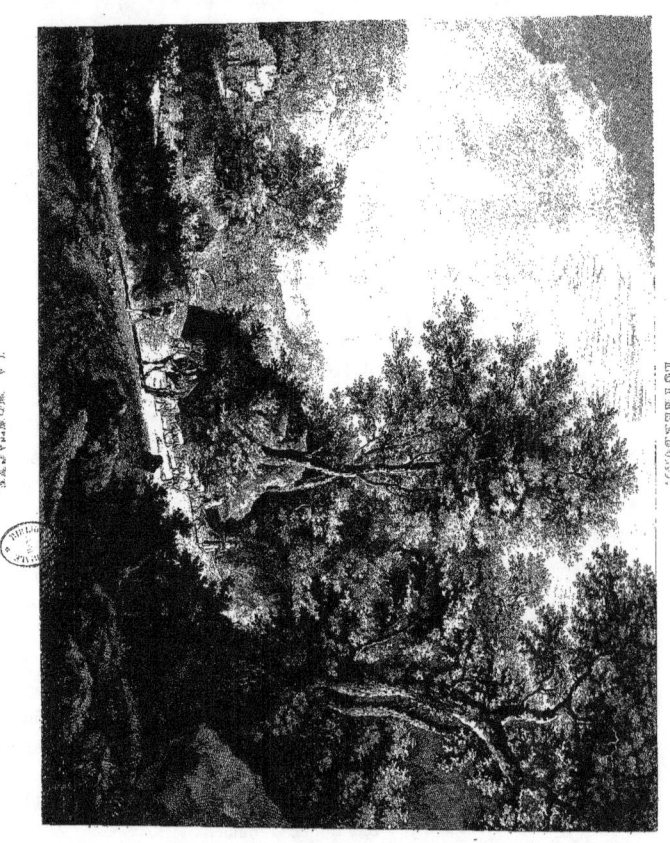

LA MONTAGNE.

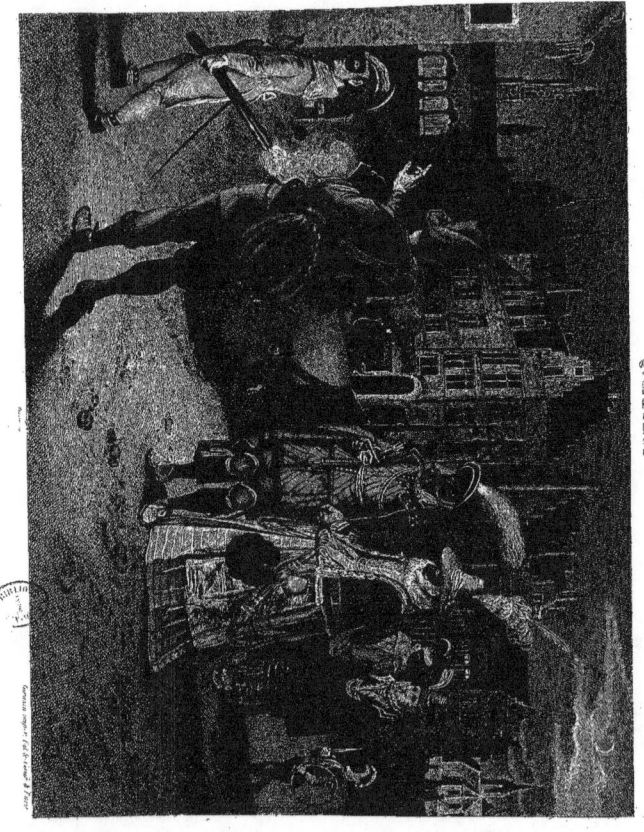

MASCARADE SUR LA PLACE D'ANVERS.

O. MEFZYS.

désinvolture, qui excellait à représenter des corps de garde et des scènes de comédie, une première expression de Carle Vernet et de Meissonier.

Il y a les Vanloo hollandais et les Vanloo français, bien qu'ils soient tous de la même famille, même en peinture; mais Jean-Baptiste et Carle Vanloo appartiennent, comme Philippe de Champagne et Van der Meulen, à l'histoire de la peinture française. Jean Vanloo fut le premier du nom. Il peignait au commencement du dix-septième siècle, à l'Écluse, des sujets galants pris dans l'histoire ou dans la vie privée.

Son fils, Jacques Vanloo, père de Jean-Baptiste et de Carle, fut non-seulement un des meilleurs coloristes de l'école hollandaise, mais un des plus francs dessinateurs. On connaît son célèbre *Coucher à l'italienne* (une femme nue vue par le dos prête à se coucher); la gravure de ce tableau, par Porporati, est dans tous les ateliers. Il y a au Louvre un portrait de M. Corneille par J. Vanloo, qui était venu habiter la France.

Brackemburg, qui l'a beaucoup étudié dans ses danses de courtisanes, Brackemburg était peintre et poëte. Il a vécu comme Brauwer et peint comme Miéris, avec un cachet à lui. C'était un esprit enjoué, un panthéiste en belle humeur cherchant toutes les joies de la vigne et de l'amour. Son pinceau est flou et léger, sa touche vive et spirituelle, sa couleur vigoureuse et vraie. J'ai admiré au palais Pitti un petit chef-d'œuvre de Brackemburg : c'est son portrait. Il porte une belle tête, pleine de gaieté et d'entrain. C'est franchement touché, avec beaucoup d'esprit et de chaleur de ton. Pour tout attribut, le peintre n'a choisi qu'un violon et une pipe.

Le vrai maître de la peinture licencieuse est Jean Torrentius, l'athée et le cynique. Pétrone et Arétin n'eussent pas osé signer ses tableaux. Les peintures antiques trouvées à Pompéi dans la maison des courtisanes ne sont pas si furieuses dans leur nudité que ne l'étaient celles de Torrentius dans leur galant déshabillé. Elles furent brûlées par la main du bourreau; c'étaient des chefs-d'œuvre. Torrentius ne fut pas brûlé, mais il fut mis à la question. Les tortures ne lui arrachèrent pas un repentir sur son impiété. C'est qu'il croyait que l'Art a ses grandes franchises.

Lutherbourg, un Flamand francisé, appartient au groupe des peintres romanesques. C'est le dernier venu. Il rappelle à la fois Gonzalez Coques et Jean Vanloo. Il arrive même d'imiter Boucher. Diderot l'a reconnu peintre : c'est un titre de noblesse.

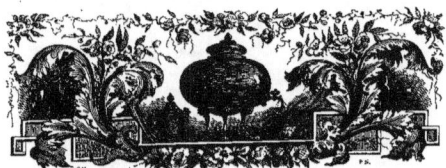

IV

LES PAYSAGISTES.

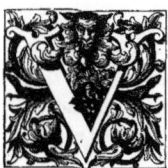An Eyck, qui descendait Dieu sur la terre au lieu de s'élever jusqu'à Dieu, Van Eyck, qui ouvrait de vertes et aventureuses échappées dans les fonds d'or de l'école de Cologne, fut le premier paysagiste flamand. C'est déjà la belle prairie de Gand et la montagne boisée des bords de la Meuse qu'il reproduit dans ses fonds aériens. Patenier, de Bles, Vau Helmont, presque tous les paysagistes du quinzième siècle, ont étudié d'après Van Eyck.

Les paysages de Van Eyck resplendissent sous les rayons d'un soleil d'avril ou de mai : c'est le printemps dans tout son vif épanouissement. Les paysages de Hemling sont ceux de l'été : verdure plus sombre, arbres plus touffus, ombres plus vigoureuses, masses de lumière plus grandes et plus calmes : c'est un peintre austère, même devant le sourire de la Nature.

Les premiers paysagistes hollandais n'ayant pas sous les yeux la grandeur des lignes, la majesté des horizons, l'éclat pittoresque des sites, cherchèrent bien plutôt la couleur que le style, ils s'attachèrent plus ardemment au détail qu'à l'ensemble, ils ne cherchèrent pas à réunir beaucoup d'effets dans un tableau : la moindre échappée les séduisait; ainsi une vache agenouillée dans l'herbe, un bateau sur le canal, une cascade au coin d'un bois, une maison au bord de l'eau, voilà de quoi contenter vingt artistes épris du simple spectacle de la nature.

Il faudrait écrire tout un volume pour exprimer les physionomies variées des paysagistes flamands et hollandais depuis Everdingen, l'amoureux de la neige et de la cascade, Albert Van Ouwater, qui annonçait déjà au quinzième siècle la poésie des horizons de Ruysdael, jusqu'à Hobbema et Huysmans, ces deux maîtres souverains de la forêt et du rayon. Je ne veux m'arrêter ici que devant trois figures, Paul Potter, Berghem, Ruysdael, le réalisme, l'imagination, le sentiment.

Paul Potter surprend plutôt qu'il ne charme; c'est la nature elle-même qu'il a fixée sur sa toile comme dans un miroir. Il n'a pas attendu que le nuage qui passait dans son ciel fût éclairci ou doré par un rayon de soleil; il n'a pas recherché tel arbre ou tel feuillage; il a vu, il a peint. Aussi est-il toujours vrai, quelquefois trop vrai. Dans son temps, on était si bien accoutumé au paysage italien, qu'on l'accusa de voir faux quand il donnait à ses prairies ce vert tendre et argentin qui est la verdure naturelle adoucie par l'air ambiant. Berghem, plus séduisant par ses tons chauds, donnait tort à Paul Potter. Au dix-septième siècle comme aujourd'hui, les peintres ne voulaient pas admettre que les prés fussent verts; quand le gazon n'était ni roux, ni gris, ni sale, ce n'était qu'un gazon d'écolier. Cependant qui oserait dire que la prairie n'est pas verte dans la patrie de Paul Potter, comme le ciel est bleu dans la patrie de Raphaël?

Ce qui distingue Paul Potter à un si haut degré dans ses animaux, c'est qu'il est en même temps énergique et naïf; il saisit le mouvement de la bête et son expression avec une candeur sans égale. Il prouve victorieusement que les bêtes ont une âme, un esprit, une pensée. Ses animaux vous parlent par leurs yeux, par leurs mouvements, par leurs attitudes. « En les fixant longtemps, disait Vernet, on croit respirer la saine odeur qu'ils exhalent. »

Le caractère de Berghem, c'est la liberté de touche, la variété, l'intelligence de la lumière et des ombres. Comme Ruysdael, il a eu trois manières. La première, qui rappelle Weeninx, était peu étudiée, jaune et roussâtre. Il n'atteignait alors qu'à une certaine vérité de convention qui n'avait ni style ni naïveté. Dans sa seconde manière, il se rapprocha de la nature. Ce fut alors qu'il imita un peu Jean Both, Ruysdael, Zacht-Leeven, Jean Meel. C'est dans cette seconde manière qu'il faut chercher ce maître pour le trouver avec toute sa force, avec sa touche large et pétillante, avec son amour du fini, avec son accent poétique et pittoresque. Dans sa troisième manière, on voit que sa facilité l'a perdu. On ne le retrouve plus vivant et ferme; sa couleur a pris des tons briquetés; son feuillé n'est plus soulevé par le vent; on ne respire plus dans ses gorges désertes; on ne se mouille plus les pieds en traversant son gué.

Jacques Ruysdael avait connu Berghem à l'école des enfants : il alla le voir un jour et le surprit à l'œuvre devant un paysage. Rien qu'en voyant peindre son camarade, quoique à peine âgé de douze ans, Ruysdael sentit qu'il était né pour faire la même chose. Berghem ayant déposé sa palette pour deviser plus librement avec lui ou même pour jouer un peu, Ruysdael saisit un pinceau et barbouilla le ciel de Berghem avec une audace qui étonna son ami. On ne donne pas de maître à Ruysdael. Sans doute, Berghem lui fut d'un grand secours, car c'était un homme d'esprit, un artiste savant, ayant possédé de bonne heure toutes les ressources du métier, sans jamais permettre au métier d'envahir l'Art. La Nature surtout fut le maître de Ruysdael. Il étudiait en plein vent, par le soleil ou par la pluie, courant les prairies et les bois. La Nature n'avait pas de secret pour lui; il l'étudiait avec amour. On l'a surpris, comme plus tard notre La Fontaine, rêvant du matin au soir sous le même arbre, émerveillé des richesses semées à ses pieds, ne voyant pas seulement l'œuvre de Dieu, sentant que Dieu lui-même était dans son œuvre.

Ceux qui ne reconnaissent pas de prime abord un paysage de Ruysdael n'entendront jamais rien à la poésie de l'Art et de la Nature. Il a fait des paysages *d'impressions ;* il a su fixer un sentiment dans un rayon qui passait, dans un coup de vent, dans une ombre fugitive. Pas une de ses pages où ne se retrouve cette âme mélancolique, sauvage même, qui n'a confié qu'aux arbres émus et aux chutes d'eau ses profondes rêveries. On aime Ruysdael; on peut être séduit par Berghem, émerveillé par Paul Potter; mais on revient à Ruysdael avec une passion sérieuse : les autres vous prennent par les yeux, lui vous prend par le cœur.

Berghem arrangeait la Nature; Ruysdael la reproduisait fidèlement, mais il attendait l'heure poétique; Potter seul copiait avec une pieuse exactitude, quelle que fût l'heure. Berghem, homme d'imagination et de fantaisie, considérait un peu la Nature comme un théâtre pour ses créations : aussi dans ses paysages la figure domine la Nature, la figure vous frappe de prime abord; il y a presque toujours un tableau de genre sur le premier plan, une scène d'ailleurs en harmonie avec le paysage : ainsi une rencontre de charbonniers, le passage d'un gué, un déjeuner de bûcherons. Ruysdael, plus épris de la Nature, se contente d'en montrer les joies intimes, les accidents, la fécondité, les désastres, les beautés pittoresques; il fait couler la séve, il fait fleurir l'herbe, il agite les arbres, il les casse ou les renverse, il révèle le mystère des bois. Le premier est un conteur charmant, plein d'entrain et de gaieté, dont la verve vous surprend et vous retient au point de départ; le second est un rêveur qui vous entraîne dans les mélancolies de la solitude, au fond des forêts, au bord de l'eau, sur la roche déserte. Paul Potter n'est ni romanesque ni rêveur, c'est un peintre naïf. La Nature, pour lui, n'est pas un théâtre; il ne veut pas y rêver : peintre avant tout, il veut lutter avec la vérité.

Ainsi on voit qu'en même temps, dans le même pays, dominaient les trois caractères du paysage hollandais. Après Paul Potter, Berghem et Ruysdael, après Hobbema qui égale ces trois maîtres, cet art de peindre l'œuvre de Dieu dégénère et expire bientôt. Quelques paysagistes rappellent encore tour à tour ces peintres illustres, jusqu'au jour où Van Huysum réduit l'art hollandais à un coquelicot. Le naturalisme, né dans les fonds verts et bleus de Jean Van Eyck et d'Albert Van Ouwater, va expirer dans un bouquet de Van Huysum.

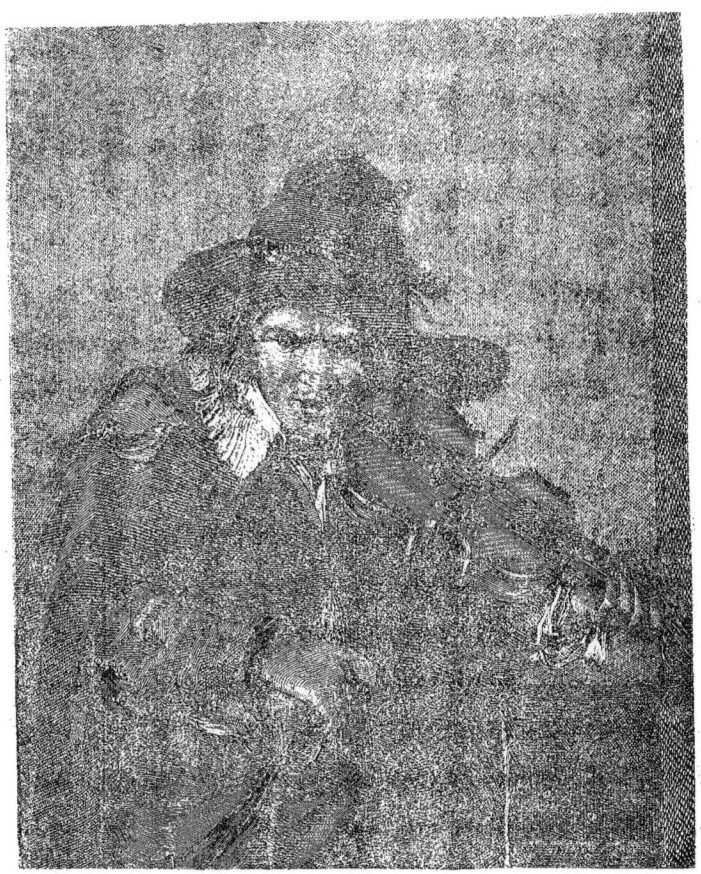

PARIS. TYPOGRAPHIE DE HENRI PLON, IMPRIMEUR DE L'EMPEREUR, RUE GARANCIÈRE, 8.

www.ingramcontent.com/pod-product-compliance
Lightning Source LLC
Chambersburg PA
CBHW070158230526
45471CB00002B/716